生活援助従事者研修
（59時間研修）テキスト

編集 堀田 力・是枝祥子

中央法規

はじめに

　このテキストは、日本にうば捨ての悲劇が起きないよう、少しでも多くの方々に介護活動に参加してほしいと願って作成しました。

　このテキストを使って学ぶおもな機会は、2018（平成30）年に厚生労働省が設けた「生活援助従事者研修」ですが、この研修を設けた理由について、同省は「訪問介護員の養成については、訪問介護事業所における更なる人材確保の必要性を踏まえ、介護福祉士等は身体介護を中心に担うこととし、生活援助中心型については、人材の裾野を広げて担い手を確保しつつ、質を確保する」ことだと述べています。

　そうしないと、少子化がもたらす人手不足のために、さらに増える介護人材に対する需要はまかないきれず、深刻な悲劇が国をおおう事態が目に見えてきています。それを防ぎ、老後の生活の安心を保障するためには、年齢や経歴を問わず、時間に余力のある人々が、進んでその生活維持能力の一部を、要介護者・要支援者の生活援助のために提供することが不可欠だといえます。それは、あわせて自己の人生の質の向上に役立つ、生きがいのある活動なのです。

　生活援助の技術は、程度の差はあっても、一般の生活者はすべて自己の生活を営むために身につけています。そこが身体介護とは異なるところです。

　この生活援助の能力を他者に役立てるためには、生活援助に関する基本、つまり、他者の尊厳を保持する生活とはどのようなものかを具体的に理解することが大切です。その内容は、人によって違いますから、それを具体的に理解するのは容易なことではありません。しかし、その理解なくして、介護の理念は実現しません。生活援助に必要な知識を提供するこのテキストは、ですから、介護の基本を身につけるためのものなのです。

　ただ、その基本の理解は介護職にとって必要なだけでなく、助け合い活動として行う生活援助についても、同様に必要なものです。助け合い活動は、むしろ職業としての活動以上に、相手の精神的満足を目的にして行うものですから、他者の尊厳を具体的に理解していないとできません。そのことも視野に入れて書かれた本書は、まさに「介護人材の裾野を広げる」ものです。本書が介護人材の裾野拡大に貢献することを願ってやみません。

公益財団法人さわやか福祉財団会長　　堀田　力

目次

はじめに

本書をご活用いただくにあたって

生活援助をになう介護職

第1章 介護の仕事とは（職務の理解）

第1節 介護サービスの種類 ……………………… 2
キーワード 介護保険サービス（居宅サービス）／介護保険外サービス

第2節 介護の仕事を知る ……………………… 8
キーワード 居宅での仕事内容／居宅の現場のイメージ／訪問介護（生活援助中心型）の業務範囲

第2章 介護で大切な視点（介護における尊厳の保持・自立支援）

第1節 利用者の尊厳を支える ……………………… 18
キーワード 人権／権利擁護（アドボカシー）／エンパワメント／尊厳のある暮らし／プライバシーの保護／高齢者の「役割」／ICF（国際生活機能分類）／QOL（生活の質）／ノーマライゼーション／虐待防止・身体拘束の禁止

第2節 利用者の自立を支える ……………………… 32
キーワード 自立・自律支援／残存能力の活用／動機と欲求／意欲を高める支援／個別ケア／重度化防止／介護予防

第3章 介護の仕事の基本（介護の基本）

第1節 介護の専門性と多職種連携 ……………………… 44
キーワード 介護の環境／介護の専門性／多職種連携

第2節 職業倫理 ……………………… 50
キーワード 介護の倫理／社会的責任

第3節 安全の確保 ……………………… 54
キーワード 介護現場で起こりやすい事故／事故に結びつく要因／事故予防／事故対応・報告／感染症対策／緊急時の対応

第4節 健康管理 ……………………… 68
キーワード 心身の健康管理／ストレスマネジメント／感染予防／手洗い

第 4 章 介護・福祉サービスの基本（介護・福祉サービスの理解と医療との連携）

第 1 節 介護保険制度の基本 …………………………………………………………… 80
　キーワード　介護保険制度の目的／介護保険制度の動向／介護保険制度のしくみ／介護給付／予防給付／要介護認定・要支援認定

第 2 節 介護と医療の連携 ……………………………………………………………… 90
　キーワード　訪問看護／リハビリテーション

第 3 節 障害者福祉制度の基本とその他の制度 ……………………………………… 96
　キーワード　障害者福祉制度の理念／障害者総合支援法／個人の権利を守る制度

第 5 章 コミュニケーションの方法（介護におけるコミュニケーション技術）

第 1 節 コミュニケーションの基本 ………………………………………………… 106
　キーワード　コミュニケーション／言語的コミュニケーション／非言語的コミュニケーション／傾聴／共感／受容／利用者・家族とのコミュニケーション／利用者の状態に応じたコミュニケーション

第 2 節 職員同士のコミュニケーション …………………………………………… 124
　キーワード　記録／報告／連絡／相談／情報共有／会議

第 6 章 老化と認知症の理解（老化と認知症の理解）

第 1 節 老化によるこころとからだの変化 ………………………………………… 134
　キーワード　老化によるこころの変化／老化によるからだの変化／日常生活の変化

第 2 節 高齢者に多い病気と症状 …………………………………………………… 142
　キーワード　高齢者に多い症状／高齢者に多い病気

第 3 節 認知症の基礎知識 …………………………………………………………… 152
　キーワード　認知症ケアの理念／認知症の種類と原因／認知症の人とのかかわり方のポイント／健康管理

第 4 節 認知症によるこころとからだの変化 ……………………………………… 164
　キーワード　中核症状／BPSD（認知症の行動・心理症状）／日常生活の変化

第 5 節 家族への支援 ………………………………………………………………… 176
　キーワード　家族の心理／介護負担の軽減

第 7 章 障害の理解 （障害の理解）

第 1 節 障害のある人の生活の理解 ……………………………………………… 184
キーワード 身体障害／知的障害／精神障害／発達障害／高次脳機能障害

第 2 節 家族への支援 …………………………………………………………… 198
キーワード 家族の心理／介護負担の軽減

第 8 章 こころとからだのしくみ （こころとからだのしくみと生活支援技術Ⅰ）

第 1 節 介護の基本的な考え方 ……………………………………………… 204
キーワード 我流介護の排除／法的根拠にもとづく介護

第 2 節 こころのしくみ …………………………………………………… 208
キーワード 感情／意欲／生きがい／高齢者の心理

第 3 節 からだのしくみ …………………………………………………… 214
キーワード 人体各部の名称／ボディメカニクス／利用者のようすのふだんとの違い

第 9 章 介護の仕事に必要な知識と技術 （こころとからだのしくみと生活支援技術Ⅱ）

第 1 節 生活と家事 ………………………………………………………… 224
キーワード 掃除／洗濯／ベッドメイク／衣類の整理・被服の補修／調理／買い物／その他の家事

第 2 節 住環境の整備 ……………………………………………………… 242
キーワード 家庭内で起こる事故／住環境

第 3 節 移動・移乗の介護の基本 ………………………………………… 248
キーワード 移動の基礎知識／移動に関する用具／残存機能／見守り

第 4 節 食事の介護の基本 ………………………………………………… 258
キーワード 食事の基礎知識／食事に関する用具／食事の姿勢／脱水／低栄養／咀嚼・嚥下／口腔ケア

第 5 節 睡眠の介護の基本 ………………………………………………… 270
キーワード 睡眠の基礎知識／睡眠に関する用具／安楽な姿勢／褥瘡予防

第 6 節 終末期の介護の基本 ……………………………………………… 278
キーワード 終末期の基礎知識／死にいたる過程／死のとらえ方

第10章 生活支援技術演習（こころとからだのしくみと生活支援技術Ⅲ）

第1節 介護過程の基礎的理解 …………………………………………… 288

研修を終えての振り返り（振り返り）

索引

編者・執筆者・編集協力者一覧

本書をご活用いただくにあたって

【編集方針】

■ 厚生労働省が示す生活援助従事者研修のカリキュラム（59時間）にもとづいて、生活援助に求められる基礎的な知識と技術を習得できるようにしています。

■ 各章の冒頭には、生活援助従事者研修各科目の「ねらい（到達目標）」を明示しています。また、各章のタイトルには、括弧書きでカリキュラムにおける科目名（「こころとからだのしくみと生活支援技術」のみ、カリキュラムにおける展開例にそっています）を示し、学びやすいつくりとなっています。

■ 各節の冒頭で該当節の「テーマ解説」を示し、そのうえで生活援助に必要な知識・技術を「キーワード別解説」でコンパクトに整理しています。

■ 各節の冒頭の「テーマ解説」では、キーワードを関連づけて、「①該当節を学ぶ意味」「②仕事を進めるうえでの基本的視点」「③利用者にとって、該当節の内容がどういう意味をもつのか」の3つの側面から理解を進め、さらに「キーワード別解説」へと学習を掘りさげるつくりとなっています。

■ 豊富な事例、イラストや図表を多用して、実際の介護場面がわかるように配慮しました。

【特徴】

■ 本文中の「重要語句」を、**ゴシック体（強調書体）**で明示しています。また、「専門用語」については▶▶を付して、欄外で用語の解説をしています。

■ 本文中、必要に応じて▶▶を付して、欄外に参照か所を掲載しています。該当か所をみると、より詳しい内容や関連する情報が記述されています。

■ 「ポイント」は、キーワード単位で重要事項が理解・把握できているかどうかを自己確認するものです。各自で学習のふり返りをしてみましょう。

生活援助をになう介護職

1 生活援助従事者研修とは

① 生活援助従事者研修の位置づけとねらい

「生活援助従事者研修」は、利用者の居宅において生活援助中心型のサービスを実践するための人材を育成することを目的として2018（平成30）年度から始まりました。生活援助中心型のサービスで求められるのは、職場の上司の指示などを受けながら利用者の居宅で基本的な生活援助業務を実践することであり、その基盤となる基本的な知識と技術を身につけることです。それと同時に、認知症介護などを実践する際の考え方も身につけることが求められています。

② 生活援助従事者研修のカリキュラム

59時間の研修となっており、介護職員初任者研修との整合性をはかる観点から、**表1**に示すカリキュラムとなっています。

表1　生活援助従事者研修のカリキュラム

職務の理解	2時間
介護における尊厳の保持・自立支援	6時間
介護の基本	4時間
介護・福祉サービスの理解と医療との連携	3時間
介護におけるコミュニケーション技術	6時間
老化と認知症の理解	9時間
障害の理解	3時間
こころとからだのしくみと生活支援技術	24時間
振り返り	2時間
合計	59時間

2 生活援助をになう介護職に求められる業務

① 訪問介護（ホームヘルプサービス）における生活援助中心型のサービス

訪問介護における**生活援助中心型のサービスの業務範囲**▸▸は、「身体介護以外の訪問介護であって、掃除、洗濯、調理などの日常生活の援助」（「訪問介護におけるサービス行為ごとの区分等について」（平成12年3月17日老計第10号））とされています。さらに、2018（平成30）年には、「自立生活支援・重度化防止のための見守り的援助」が身体介護であることが明確化されました。

② 介護の専門性と生活援助

介護の専門性▸▸とは、どこでどんな生活をしたいかという利用者1人ひとりの希望をもとに、利用者のこころとからだの状態やできることとできないことを把握し、利用者の個別性を尊重しながら、自立した生活につながるように支援することです。生活援助中心型のサービスを行う（身体介護を行わない）介護職においても、専門職として上記の視点をふまえて生活援助を行う必要があります。

本書では、介護の現場がよりイメージしやすいよう実際の生活援助場面の事例を多数収載しています。ただし、「**自立支援**▸▸」や「**重度化防止**▸▸」などの事例については、①利用者の尊厳を守り、自立を支援する介護職の役割を理解してもらうこと、②研修修了者が、今後、介護職員初任者研修などを経て身体介護をする可能性があること、の2点を考慮し、「自立生活支援・重度化防止のための見守り的援助」（身体介護）も含めた事例としています。

生活援助中心型のサービスの業務範囲 ▸▸ 第1章第2節「訪問介護（生活援助中心型）の業務範囲」参照
介護の専門性 ▸▸ 第3章第1節「介護の専門性」参照
自立支援 ▸▸ 第2章第2節「自立・自律支援」参照
重度化防止 ▸▸ 第2章第2節「重度化防止」参照

第 **1** 章

介護の仕事とは
（職務の理解）

ねらい

研修に先立ち、これからの介護が目指すべき、その人の生活を支える生活援助中心型のケアの実践について、介護職がどのような環境で、どのような形で、どのような仕事を行うのか、具体的イメージを持って実感し、以降の研修に実践的に取り組めるようになる。

第1節 介護サービスの種類

1 介護サービスの種類を学ぶ意味

　利用者の自宅へ訪問し生活援助を行うサービスは、訪問介護（ホームヘルプサービス）になります。訪問介護は、**介護保険サービス**の区分でいうと**居宅サービス**に位置づけられています。「居宅」とは日常住んでいる家という意味なので、「居宅サービス」はおもに自宅での生活で必要な介護保険サービス全般を指します。

　「居宅サービス」には、訪問介護や訪問入浴介護などのような自宅に訪問してもらってサービスを利用する「訪問系サービス」、通所介護（デイサービス）や通所リハビリテーションのような施設などに通ってサービスを利用する「通所系サービス」、短期入所生活介護や短期入所療養介護（ショートステイ）のような施設などに短期間入所してサービスを利用する「短期入所系サービス」があります。

　一方、「居宅サービス」に対して、介護老人福祉施設や介護老人保健施設などのような施設に入所してサービスを利用する「施設サービス」があります。

　このように、介護保険サービスにはさまざまなサービスが存在しています。介護保険サービスの種類や内容を理解することで、生活援助をになう人の介護保険での制度的位置づけや、になうべき役割を明確にすることができます。

2 仕事を進めるうえでの基本的視点

　サービスが提供されるには、まず介護支援専門員（ケアマネジャー）▶▶が利用者、家族の意向をもとにケアプラン▶▶を作成するところから始まります。

　居宅での生活を継続するために、訪問介護に限らず、複数の介護保険サービスを組み合わせている利用者も多く存在しています。このような場合には、介護職はほかの介護保険サービス、ほかの専門職と連携しながら仕事をします。

介護支援専門員（ケアマネジャー） ▶▶ 第3章第1節「多職種連携」参照
ケアプラン ▶▶ 利用者のニーズに合わせた適切な介護保険サービスなどを提供するための計画のこと。

それぞれの専門職は、それぞれの専門的視点から利用者の課題解決に向けてサービスを提供します。しかし、時に専門職としての意見が強くなることがあり、利用者が望んでいる生活から離れていってしまうことがあります。それでは多くの専門職がかかわってよかったとはいえません。

　介護職としては、専門知識はもちろん、自分の価値観を押しつけないように注意する必要があります。サービスを提供するときに大事なことは、利用者にとって一番大切なことが何かを見失わず、利用者の意向を尊重することです。利用者が主であり、多くの専門職は補佐役であることを忘れてはいけません。

3 利用者にとっての多様な介護サービスの意味

　介護保険サービスは細かなニーズに対応できるように、多様化しています。介護が必要になったときのことを考えると安心材料であり、サービスを選べる幅ができたことで個人のニーズにそったサービスが受けられるというメリットがあります。

　その半面、実際には生活上不便だと感じていることはあるものの、介護保険サービスの種類を知らない人も多く、利用者自身で選ぶことがむずかしくなっているというデメリットがあることも事実です。また、介護保険サービスが多様化しているとはいえ、利用者のニーズにすべてこたえられてはいないのが現状です。

　具体的な例をあげると、墓参り、草むしり、孫の結婚式のつきそい、旅行など、介護保険サービスではまかないきれないことが多くあります。このようなニーズに対応するサービスとして**介護保険外サービス**があります。

　インフォーマルサービス▶▶を活用し、住み慣れた家、地域で暮らしていけるように支援するしくみがあることを頭に入れておきましょう。

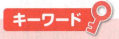

介護保険サービス（居宅サービス）▶p.4／介護保険外サービス▶p.6

インフォーマルサービス▶▶介護保険サービスなどの公的なサービスや支援以外の、家族や友人、地域住民、ボランティアなどによるサービスや支援のこと。

介護保険サービス（居宅サービス）

　介護保険サービスは大きく分けると、①居宅で生活する人を対象としたサービスと、②施設に入所した人を対象としたサービスがあります（図1-1）。このうち①を**居宅サービス**と呼びます。居宅サービスの利用は、本人の生活の助けになるのはもちろんのこと、家族の介護負担の軽減にもつながります。

　居宅サービスは「できるだけ住み慣れた地域で自分らしい暮らしを最期まで続ける」という地域包括ケアシステム▶▶を実現するために中心となるサービスです。

図1-1　介護保険サービスの種類

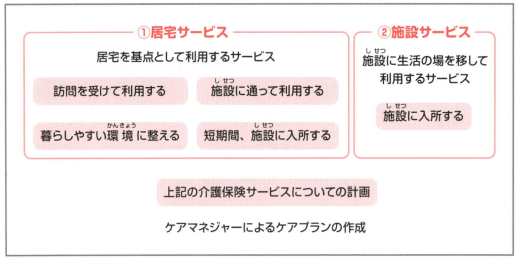

おもな居宅サービスの内容

訪問介護（ホームヘルプサービス）

　訪問介護員（ホームヘルパー）などの介護職が利用者の居宅を訪問して、生活に必要な援助を行うサービスです。行われるサービスには**生活援助**と**身体介護**があります。利用者のふだんの暮らしのなかに入ってサービスを提供することが大きな特徴です。生活援助をになう人はこのうち「生活援助」の部分を担当します。

地域包括ケアシステム ▶▶ 第4章第1節「介護保険制度の動向」参照

通所介護（デイサービス）

利用者に、自宅から日帰りで施設へ通ってもらい、食事や入浴などの介護サービス、健康管理やリハビリテーションを提供します。

短期入所生活介護（ショートステイ）

ふだん自宅で暮らしている利用者が、家族の都合などで一時的に介護を受けることができない場合、施設に短期間入所してもらい必要なサービスを提供します。

事例　1人暮らしのAさん

Aさん（80歳、女性）は長年1人暮らしを続けてきました。3か月前に自宅の風呂場で転倒して骨折し、入院したのをきっかけに、歩いて10分のところにあるスーパーに買い物に行くことができなくなってしまいました。そこで訪問介護の生活援助を利用し、介護職に食材など日用品の買い物に行ってもらうことで、リハビリテーションを続けながらこれまでどおりの在宅生活を続けることができました。

ポイント

- 介護保険サービスのうち、自宅で生活する人を対象としたものを居宅サービスと呼びます。
- 居宅サービスは、「住み慣れた家や地域で暮らしたい」という希望を実現するために中心となるサービスです。

介護保険外サービス

　介護サービスは、介護保険制度を利用して行われるフォーマルサービス▶▶以外にも、地域住民によるボランティアやNPO法人（特定非営利活動法人）の活動、民間企業が行うサービスなど、生活全般にわたってさまざまな種類があります。住み慣れた家や地域で暮らしつづけることを支えるために、これらの**介護保険外サービス**の充実も期待されています。

介護保険外サービスの例

　表1-1は介護保険外サービスの例です。利用者や家族のニーズ、健康状態はもちろんのこと、期待される効果や費用なども考えながら、サービスを効果的に組み合わせて利用することが大切です。

表1-1　介護保険外サービスの例

サービスの種類	実施主体	内容例
家事代行・生活支援	介護サービス企業	布団の水洗い、乾燥・消毒サービス
	NPO法人	電球の交換や粗大ゴミの片づけ
見守り・コミュニケーション	ボランティア	近隣住民によるカーテンの開け閉め確認・声かけ活動
	郵便局	郵便局の見守りサービス
	セキュリティー会社	高齢者の「救急」「日常」見守りサービス
食事	社会福祉協議会	安否確認を兼ねた配食サービス
	介護サービス企業	通所介護の利用時や送迎時に介護食品を販売

フォーマルサービス▶▶介護保険サービスなどの公的なサービスや支援のこと。

運動・介護予防	フィットネスクラブ	脳活性化をめざした運動スクール
	地方自治体	介護予防体操教室
認知症支援	地方自治体	認知症高齢者見守りネットワーク
	教育関連企業	読み書き・計算による認知症予防改善プログラム
移動・外出支援	タクシー会社	ケアタクシー
	NPO法人	トラベルヘルパー
理美容	化粧品メーカー	化粧法などの美容講座
	美容院	訪問理美容サービス
趣味・楽しみ	ボランティア	訪問による話し相手ボランティア
	カルチャースクール	会員制のカフェ、カルチャー・運動教室

- 介護保険サービス以外にも、介護サービスにはさまざまな種類があります。
- 介護保険の「公助」に加え、ボランティアや住民主体の活動である「互助」、市場サービスの購入等である「自助」をうまく組み合わせることで、利用者の地域生活を支えます。

第2節 介護の仕事を知る

1 介護の仕事を学ぶ意味

　介護の仕事に対してネガティブなイメージをもつ人もいますが、「やりがいのある仕事です」と言う人も多くいます。何事もやってみると想像していたものと違うものです。また、何をもってやりがいがあるといえるのかも人それぞれです。

　訪問介護（ホームヘルプサービス）の生活援助では、「ただ家事だけすればよい」といったように、業務内容を誤って解釈する人もいます。しかし、家事だけを行うのであれば家政婦の業務内容であり、介護保険サービスとしてはふさわしくありません。生活援助をになう人には、専門的な知識を習得し、生活援助のサービスを提供することが求められます。

　また、介護保険サービスには、法律で業務として行ってはいけないことが決められています。そのため、ルールのなかで専門性をいかし、利用者の生活を支え、自立支援に向けてかかわっていくためにも、**居宅での仕事内容**を正しく理解し、**居宅の現場のイメージ**を少しでも明確にしておく必要があります。

利用者のできることに着目（掃除機がけはできないが、洗濯物はたためるなど）

2 仕事を進めるうえでの基本的視点

　生活援助の仕事を進めるうえでもっていなければならない基本的視点は、**訪問介護（生活援助中心型）の業務範囲**（「行うべきこと」と「行えないこと」）の理解で

す。

　介護保険制度では、訪問介護の「生活援助」について、業務範囲が定められています。業務範囲だけでなく、業務範囲に含まれないことも定められているため、生活援助の仕事を行うにあたって、正しく理解しておく必要があります。

3 利用者にとっての介護の仕事

　利用者の多くは、介護の仕事についてしっかりと理解しているわけではありません。そのため、どこまでが訪問介護における生活援助の業務範囲で、どこからがそうでないかがわからず、時には、生活援助の業務範囲に含まれないことについても依頼されることがあります。そうした場合に、生活援助をになう人が正しい知識をもっていないと、それが業務の範囲なのかどうか判断ができません。そのため、生活援助をになう人は正しい知識を理解している必要があります。

　また、自分では判断できない場合には、訪問介護事業所のサービス提供責任者▶▶などに連絡し、確認をとる必要があります。

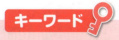

居宅での仕事内容 ▶p.10 ／ 居宅の現場のイメージ ▶p.12 ／ 訪問介護（生活援助中心型）の業務範囲 ▶p.14

サービス提供責任者 ▶▶ 第3章第1節「多職種連携」参照

居宅での仕事内容

訪問介護のサービスには、①移動、排泄、食事など身体に直接触れて行う**身体介護**と、②掃除、洗濯、調理、買い物などの家事を行う**生活援助**があります。

どのような人たちが利用しているのか

対象となる利用者は、要介護度にかかわらず、1人暮らしや高齢者世帯▶▶のケースが多いです。要介護度が軽度な利用者ほど生活援助の比重が大きく、重度な利用者ほど身体介護の比重が大きくなります。

どのような場所で仕事をするのか

サービスの提供は、利用者の自宅や軽費老人ホーム、有料老人ホームなどの居宅で行われます。

😊 事例　Bさんの自宅台所にて

Bさん：あら？　水切りかごにあった食器、どこにいったかしら？

介護職：さっき使った食器でしたら、ふいて食器棚に入れておきましたよ。

Bさん：この食器はいつも使うから、棚に入れないでここに置いておくの。

介護職：あら、でも出しっぱなしにしておくと、ほこりもつくから、毎回しまいましょうよ。

高齢者世帯▶▶65歳以上の者のみで構成するか、これに18歳未満の未婚の者が加わった世帯のこと。

Bさん そうね、そのほうがいいわね。
（でも……、食器棚の扉は重たくて開けるのが大変なのよね……）

　利用者の居宅を訪問して行う仕事の大きな特徴は、その人の日常の暮らしのなかに入って仕事を行うということです。居宅での仕事は、利用者1人ひとりの身体の状態を把握することはもちろんのこと、性格や生活のようす、価値観などをよく理解することが重要です。

　この事例のように、食器の置き場所1つにしても、その人にとっての使いやすさやこだわりがあります。利用者の暮らしを尊重し、介護職の判断で勝手に変えたりしないようにしましょう。

 ポイント

- 訪問介護は、利用者の居宅を訪問して、身体介護や生活援助を行うサービスです。
- 居宅での仕事を行ううえで大切なことは、利用者を理解すると同時に、その人の暮らし方を尊重することです。

居宅の現場のイメージ

　利用者の居宅を訪問して仕事をするということは、実際どのようなものなのでしょうか。現場で働く訪問介護員（ホームヘルパー）に、居宅での仕事の内容や、やりがいについて聞いてみましょう。

事例 訪問介護員Cさん（50歳、女性、経験1年）の1日

　Cさんは、訪問介護員としておもに生活援助を中心に働いています。仕事をする時間は、週4回、1日6時間程度です。1日にだいたい4件から5件を担当します。1件あたりの所要時間は、30分から45分程度です。

表1-2　Cさんの1日

時刻	場所	内容
9：00	勤務開始	手順書を確認し、訪問の準備をする
9：30～10：15	Dさん宅	Dさんが書いたメモをもとに買い物に行ったあと、調理の下準備を行う
10：45～11：15	Eさん宅	リビングの掃除
11：20～11：50	Fさん宅	食事準備と服薬確認
11：50～12：50	休憩	
13：20～14：00	Hさん宅	生協の宅配物を受け取り、仕分け、その後掃除を行う
14：30～15：00	Jさん宅	寝室の掃除と洗濯物たたみ
16：00	勤務終了	記録を書き勤務終了

　主婦経験が長かったCさんは家事全般に慣れています。そのせいもあってか、最初のころはいつもの習慣で効率よく仕事を終わらせたい、という気持ちが先に立ってしまい、利用者1人ひとりの生活については考えていませんでした。

　しかし、仕事をしているうちに、利用者も10人いれば10通りの暮らし方があるこ

とを知りました。このことは、訪問介護の仕事をしなければ知ることはなかったかもしれません。

　ある日、ご主人を亡くしてふさぎこんでいたFさんは、ご主人が好きだったという漬物を見て、Cさんに思い出話をしました。それ以来、ご本人が前向きな気持ちを取り戻し、みずから漬物を漬けてみたいと言うようになりました。Cさんは、こういうときにやりがいを感じているようです。

　現在のCさんの目標は、記録を手早く入力することです。事業所ではタブレット端末を使っています。端末を使うことにはだいぶ慣れましたが、申し送り事項などの文章作成にまだ時間がかかってしまいます。

ポイント

- 介護職としての働き方や現場のイメージは、人や事業所によって異なりますが、介護が1人ひとりの利用者とその生活を支援する仕事であることは共通しています。
- 居宅の現場では、新たな支援方法や介護をサポートする機器などが次々と開発・導入されています。こうした事柄に対しても積極的に学んでいこうと思う気持ちも大切です。

訪問介護（生活援助中心型）の業務範囲

生活援助の業務範囲

　訪問介護のうち**生活援助中心型**とは、利用者の居宅で「生活援助」を行うサービスのことです。「生活援助」とは、利用者の身体に直接触れずに行う援助であり、その目的は単なる家事のお手伝いではありません。

　また、生活援助は、利用者が単身であったり、家族が障害や病気などのために、本人や家族が家事を行うことがむずかしい場合に行われるものです。これは、介護などを必要とする状態でなくなったときには、本人が自身で行うことが基本となる行為ということもできます。

　したがって、介護職は、生活援助の目的と業務範囲を正しく理解する必要があります（図1-2）。

図1-2　生活援助の業務範囲

・掃除（利用者の居室などの掃除やゴミ出し）
・洗濯（手洗いを含む洗濯、洗濯物の取り入れ、アイロンがけ、タンスへの収納）
・ベッドメイク
・衣類の整理・被服の補修（ボタンつけなど）
・一般的な調理、配膳、後片づけ
・買い物や薬の受け取り　など

生活援助の業務範囲に含まれないこと

生活援助の業務範囲には、①**直接本人の援助にあてはまらない行為**（同居する家族のための家事など）、②**日常生活の援助にはあてはまらない行為**（日常的な家事の範囲を超える行為など）は含まれないとされています（図1-3）。

図1-3 生活援助の業務範囲に含まれないことの例

- 大掃除や部屋の模様替え
- 庭木の手入れ、花木の水やり
- 家族の分の調理や洗濯、家族と共有している生活空間の掃除
- 利用者以外が使用するものの買い物
- 犬の散歩などペットの世話　など

ポイント

- 生活援助従事者研修修了者が行うことができる業務範囲は、利用者の身体に直接触れない生活援助の部分です。業務の範囲を超えた支援をしてはいけません。
- 現場で判断に迷う場合は、自分で判断せず、必ず介護支援専門員（ケアマネジャー）やサービス提供責任者などに確認しましょう。

第 2 章

介護で大切な視点
（介護における尊厳の保持・自立支援）

ねらい

介護職が、利用者の尊厳のある暮らしを支える専門職であることを自覚し、自立支援、介護予防という介護・福祉サービスを提供するにあたっての基本的視点及びやってはいけない行動例を理解する。

第1節 利用者の尊厳を支える

1 利用者の尊厳を支える介護を学ぶ意味

　介護職とは、利用者の**尊厳のある暮らし**を支える専門職です。

　介護を必要とする状態が長く続くと、「申し訳ない」「面倒をかけている」と思いがちになります。このような気持ちが強くなると、生きる力を失い、生きる実感をもてる生活とはほど遠い生活を送ることになります。それは、人としての尊厳をうばわれた状態といえます。

　人はどのような状態であろうと、1人の人間として存在しています。その人には今まで生きてきた長い歴史があります。介護を必要とするようになっても、今までの暮らし方が続けられることが大切です。

　尊厳のある暮らしとは、具体的にどのような生活のことをいうのか、また、そのような暮らしを続けていくために、介護職はどのような支援を行うのかを、きちんと学んでおくことが大切です。

2 仕事を進めるうえでの基本的視点

① プライバシーの保護の視点

　居宅であれ施設であれ、介護は利用者の生活の場で行われます。そのため介護職は、利用者のプライバシーに接する機会が多くなります。利用者保護の観点からも、**プライバシーの保護**の視点は大切です。

② エンパワメントの視点

　介護職は、利用者がいつまでも生活の主人公として、自分で決めた生活が送れるように支援していきます。そのときに求められるのが**エンパワメント**の視点です。エンパワメントは自己を尊重することから始まります。

③ ICF（国際生活機能分類）の視点

　利用者ができるだけなじみのある場所で生活が送れるようにするためには、介

護職は、利用者の日常生活のようすを的確に把握する必要があります。そのときに用いるのが**ICF（国際生活機能分類）**の視点です。

④ 利用者の権利を守る視点

介護職は当然、みずからが利用者の権利を侵害しないために、細心の注意をはらい、努力を積み重ねていきます。そのため、**虐待防止**や**身体拘束の禁止**に関する知識は身につけておきましょう。同時に、利用者の**権利擁護（アドボカシー）**のために対応することも求められます。

3 利用者にとっての尊厳のある暮らし

介護を必要とする人は、決して特別な人ではありません。現在まで思い思いに人生を送り、現在も人としてあたりまえに生活しています。介護を必要としていても、人として本来もっている権利、つまり**人権**をもつ存在としては、ほかの人たちと何ら変わりません。このような考え方を**ノーマライゼーション**といいます。

では、利用者にとって、尊厳のある暮らしとは、どのようなものでしょうか。

衣食住が足りていて、将来に大きな不安がなく、さびしいときに話し相手がいてくれて、何らかの**役割**をもっている。また、好きなときに、好きなことができる自由があり、希望をもち、まわりの人たちから1人の人間として尊い存在だと思われる。そのような毎日を送ることができれば、その人にとって**QOL（生活の質）**は高いといえるでしょう。

介護職は、1人ひとりの利用者が尊厳のある暮らしを送れるように支えていきます。

キーワード

人権 ▶p.20／権利擁護（アドボカシー）▶p.21／エンパワメント ▶p.22／尊厳のある暮らし ▶p.23／プライバシーの保護 ▶p.24／高齢者の「役割」▶p.25／ICF（国際生活機能分類）▶p.26／QOL（生活の質）▶p.28／ノーマライゼーション ▶p.29／虐待防止・身体拘束の禁止 ▶p.30

人権

　日本国憲法第13条では、個々人が人格を認められ、個人として尊重されること、生命や自由、幸福追求についての権利がすべての国民に保障されていることが規定されています。

　介護が必要な人々は、さまざまな理由から介護を必要とする状況になっています。しかし、他者の支援を必要とする状況にはありますが、もちろん権利の主体です。

　介護職は、利用者の日常生活にかかわる専門職です。利用者は日常生活において主体者であることを理解することも、**人権**にかかわる者として重要なことです。

　また、介護保険サービスをはじめとした保健医療・福祉サービスは、公的に保障されるべきものであり、人々の生存権を保障するものでなければなりません。

事例　人権を侵害する言葉や偏見

　介護職は、認知症のあるAさん（85歳、女性）の自宅で掃除の援助をしています。Aさんは、記憶障害により同じ話をくり返してしまいます。介護職は同じ話の連続にがまんできなくなり、「何度も同じ話はやめてよ。掃除に集中できないから静かにして！」と言いました。Aさんは、なぜ怒られたのだろうと不思議に思いつつも「悪かったね。お詫びに掃除を手伝います」と言いました。それに対して、介護職は「できないんだから、座って静かにしてて！」と指示しました。Aさんは落ちこんでしまいました。次の訪問の際、Aさんはうつむいて介護職の顔を見ようとせず、声かけにも応じませんでした。

ポイント

- その人らしい生活を実現するために、個人や家族などの支援のほかに、必要な介護保険サービスなどの諸サービスを利用することが権利として保障されています。

権利擁護（アドボカシー）

　介護職は、利用者の権利を侵害しないように、細心の注意をはらい、努力を積み重ねていくことが求められています。同時に、ほかの人からの権利侵害を的確に把握し、利用者の**権利擁護**のために対応していくことも求められます。「権利の代弁、擁護」は**アドボカシー**といわれています。利用者が権利を確実に行使できるように支援するため、表2-1のような視点をもつことが大切です。

表2-1　介護職に求められる権利擁護の視点

① 利用者主体を徹底的につらぬく。
② 表面にあらわれない権利侵害を防ぐ。
③ 利用者の家族の権利擁護もになう。
④ 多職種連携のもとで支援する。

事例　利用者を主体とした食事の支援

　介護職は、Bさん（78歳、女性）の調理の援助をすることになりました。別居している娘からは、「母は何でも食べるし、献立を考えるのはもうむずかしいと思うのよね」とのことでした。初回訪問の際、「何を食べたいですか？」と介護職がBさんにたずねたところ「何でもいいよ」と返答されました。一方で、冷蔵庫にある食材を見せながら意見を聞くと、「この大根は、みそ汁に入れよう」など、次々とアイデアが出てきて、表情も明るくなりました。介護職はさらに、調理方法、味つけ、盛りつけも意向をたずねました。Bさんは、食事をしながら満足そうな表情で言いました。「やっぱり、うちのご飯はおいしいね」

ポイント
● 利用者を支援するときには、権利擁護の視点をもつことが大切です。

エンパワメント

　エンパワメントとは、利用者がみずからの課題をみずから解決していくことができる能力や技術を獲得していくこと（またはそれをうながす支援方法）をいいます。「がんばりましょう」と単純に元気づけるのではなく、利用者の**ストレングス**▶▶に着目し、利用者の内にある力にはたらきかけることがエンパワメントです。

事例 利用者をエンパワメントする

　介護職はＣさん（75歳、男性）の調理の援助をしています。掃除はＣさんが自分で行っています。

> Ｃさんのご自宅は、いつもとてもきれいに片づいていますよね。 介護職

Ｃさん
> 亡くなった妻といっしょに掃除していたからね。その習慣ですよ。
> 妻はすごくきれい好きだったんですよ。

> 奥様想いの素敵なご主人ですね。
> 今のお部屋を見て、奥様はきっと喜ばれていますよ。 介護職

　この会話をきっかけに、なかなか行き届かなかったトイレや風呂場等の掃除までＣさんは積極的にするようになりました。

**ポイント**

- ●介護職は、利用者が自分で決めた生活が送れるようにエンパワメントすることが大切です。

ストレングス ▶▶ 利用者のもっている「強さ」（能力・意欲・自信・志向など）のこと。

尊厳のある暮らし

　人には「自分流の生活スタイル」や「生活のこだわり」があります。介護を必要とするようになっても、そうした今までの暮らしを継続できることが大切です。

　尊厳のある暮らしの支援とは、利用者が「今まで営んできた生活」をこれからもできるように環境を整備しながら、生活のしづらさが生じた部分を支援することです。

　介護はリレーションシップ（人と人との結びつき）を基礎としています。利用者との相互関係を築く1つの手がかりとして、介護職は、利用者の育った時代の生活のようすなどを知ることも大切です。

事例　物を大切にする利用者

　介護職は、Dさん（82歳、女性）の掃除の援助をしています。掃除中、よごれている白い紙があり、捨てようとしました。それを見たDさんは、「それは捨てないでください！」と言いました。その紙を折って、うちわにして使おうと思っていたとのことでした。また、インスタントコーヒーの空きカップも、物入れに使うので捨てないでほしいと言われました。地域のイベントが書かれた広報紙も楽しみにしているので、とっておいてほしいとのことです。介護職は、本人にとって大切なものや生活のこだわりがあることに気づかされました。

ポイント

- 尊厳のある暮らしの支援とは、介護を必要とするようになっても、今までの暮らしを継続できるように支援することです。
- 尊厳のある暮らしを支援するためには、利用者の「生活のこだわり」などを理解することも大切です。

プライバシーの保護

　介護職は、仕事のなかで利用者のプライバシーに接する機会が多く、利用者のプライバシーの権利を保護しなければなりません。契約にもとづくサービス利用では、利用者保護の観点からも**プライバシーの保護**の視点は大切です。

　プライバシーの権利とは、「個人や私生活上の事柄が他人から干渉されたり、侵害を受けたりしない」という基本的人権の1つです。近年では、「自己の情報をコントロールできる権利」という意味も加えられるようになってきました。

　なお、**個人情報**とは、個人の氏名、生年月日、住所などの個人を特定する情報のことです。

事例　利用者のプライバシーを守る

　新人介護職は先輩介護職といっしょに、仕事帰りに買い物へ出かけました。新人介護職はその日に訪問した利用者のようす等について、買い物先の店内で先輩介護職に話しはじめました。すぐに、先輩介護職は「外で利用者さんのお名前を言ったり、利用者さんのお話をしてはいけないですよ。プライバシー保護の視点は大事です。気をつけましょうね」と注意しました。

ポイント

- 介護職は、プライバシーの保護の視点をもって利用者を支援することが大切です。

高齢者の「役割」

　介護を受けている状態が続くと、高齢者は「自分は周囲に迷惑ばかりかけている存在だ」と感じてしまいがちです。

　これでは、生きる力を失い、生きる実感をもてる生活とはほど遠い状態になってしまいます。では、どうすれば生きる実感をえることができるのでしょうか。

事例　人生の大先輩としての高齢者

　介護職は仕事で失敗をしてしまいましたが、気持ちをきりかえてEさん（82歳、女性）の自宅へ掃除の援助に向かいました。Eさんは、介護職の顔を見た瞬間「何か元気がないんじゃない？」とたずねました。介護職は、「Eさんにはごまかせないですね」と言いました。介護職は、掃除をしながら、話を聞いてもらいました。それに対し、Eさんは「私もそんな失敗したわね。でも、失敗をできてよかったってふり返れるときが来るわよ。あなたは本当によくがんばってくれているし、私は感謝しているの」と言いました。介護職は、「私こそEさんとお話しして元気が出ました。また経験を聞かせてください」と言いました。

　この事例のように、介護を必要とする状態であったとしても、何らかの「役に立っている」「必要とされている」と実感してもらうことが大切です。そのことが人としての**尊厳の保持**につながります。

　利用者に「だれかの役に立っている」と伝えることで、生きる力がわいてくるのではないでしょうか。

ポイント

- 介護を必要とする状態でも、自分の役割を実感することで生きる実感をえることができます。また、このことが尊厳の保持につながります。

ICF（国際生活機能分類）

　介護職は、利用者の日常生活のようすをしっかり把握する必要があります。そのための視点としてICF（国際生活機能分類）があります。

　ICFは、「心身機能・身体構造」「活動」「参加」「環境因子」「個人因子」の5つの構成要素によって成り立ち、「心身機能・身体構造」「活動」「参加」の3つの構成要素は並列になって、人が生きるための「生活機能」となっています（図2-1）。

　この「生活機能」に影響を及ぼす「背景因子」として、「環境因子」と「個人因子」があげられています。ICFの5つの構成要素は相互作用があるので、1つの要素が変化するとほかの複数の要素にも影響があります。

図2-1　ICFの構成要素と相互作用

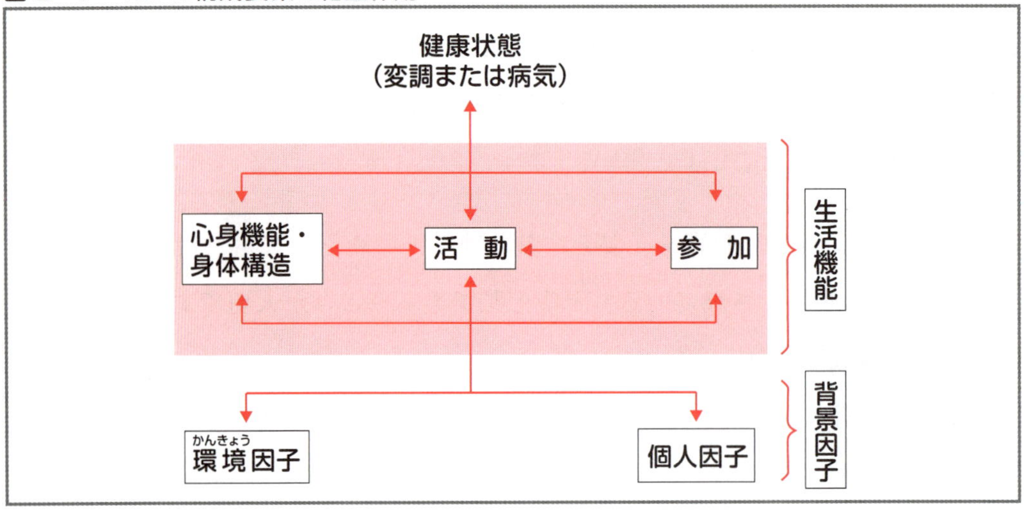

```
                    健康状態
                （変調または病気）
                        ↑
        ┌───────────────┼───────────────┐
        ↓               ↓               ↓         ┐
   ┌─────────┐    ┌─────────┐    ┌─────────┐     │
   │ 心身機能・│←→ │  活 動  │←→ │  参 加  │     │ 生活機能
   │ 身体構造 │    │         │    │         │     │
   └─────────┘    └─────────┘    └─────────┘     ┘
        ↑               ↑               ↑
        ↓               ↓               ↓         ┐
   ┌─────────┐                    ┌─────────┐     │ 背景因子
   │ 環境因子 │                    │ 個人因子 │     │
   └─────────┘                    └─────────┘     ┘
```

出典：障害者福祉研究会編『ICF 国際生活機能分類――国際障害分類改定版』中央法規出版、p.17、2002年を一部改変

介護職とICF

「活動」は、現在の環境のもとで行っている実行状況（している活動）と、環境によっては行うことのできる能力（できる活動）の2つに分類されます。介護職はICFの視点を活用して、利用者のしている活動に注目しながら生活行為の情報をえることが大切です。

これまでの「できないところを介護する」という視点ではなく、他職種と連携しながら利用者の「している活動」「できる活動」を向上させ、「活動」「参加」を可能にし、「心身機能」によい影響をもたらすことは、利用者の暮らしを支える介護職の専門性といえます。

事例　健康状態の向上による「活動」と「参加」の活発化

Fさん（89歳、女性）は、外出もせずほとんど家にいることが多く、「生きるのに疲れた」とよくつぶやいていました。だるさや体調不良を訴えることも多く、食欲もありません。そこで、介護職は他職種と連携しながら、買い物代行や調理の援助などの食生活を整える援助をしました。しばらくすると、食生活の改善により体調不良の訴えがなくなりました。また、「この前の肉じゃがはおいしかったわね。また食べたいわ」といった前向きな発言が増えてきました。その後、ずっと行っていなかった庭の手入れをするようになり、歩行がスムーズになってきました。Fさんはうれしそうに「久しぶりに友人と会おうと思っているの」と言いました。

ポイント

- 利用者の日常生活のようすをしっかり把握するための視点としてICFがあります。
- 利用者の「活動」「参加」を可能にし、「心身機能」によい影響をもたらすことが、利用者の暮らしを支えることにつながります。

QOL（生活の質）

　QOLは**生活の質**のほか、**生命の質**などともいわれており、介護を行うときの大切な考え方です。たとえば、季節や食材に合わせた食器で食を楽しむことは、QOLの向上につながっています。

　障害や要介護状態をかかえて生活する利用者を支え、その人のQOLを高めていくことが、介護職が提供するサービスには求められます。

　また、高齢者(こうれいしゃ)介護においては、QOLを**人生の質**ととらえることができます。生活支援では、未来にばかり目を向けるのではなく、利用者の人生の歴史を共感的に理解し、そこから解決すべき課題をいっしょに考えていく姿勢も求められます。

事例　趣味をQOLの向上につなげる

　介護職は週に1回、Hさん（84歳(さい)、男性）の自宅で洗濯(せんたく)の援助をしています。Hさんは、思うように歩けなくなってから外に行かなくなりました。家で何もすることがなく退屈(たいくつ)していますが、通所介護（デイサービス）には行きたくないそうです。

　Hさんの自宅を訪問したある日、介護職は、「ご趣味(しゅみ)はありましたか」とHさんにたずねました。Hさんからは、「習字を少しやっていたよ」という返事がありました。そこで介護職は、Hさんの書いた字を見せていただきたいとお願いしました。Hさんからは「気が向いたら、書いておくよ」という返事でしたが、1週間後の訪問の際、Hさんは約束どおり習字の作品を書いて介護職に見せてくれました。

　このことがきっかけとなり、Hさんは習字ができる通所介護を利用することになりました。通所介護事業所にはHさんの作品が展示されています。

ポイント

- 利用者が尊厳のある暮らしを送れるように、QOLの視点をもって支えていきます。利用者を共感的に理解していくためには、介護職は想像力をはたらかせることが大切です。

ノーマライゼーション

　ノーマライゼーションとは、あらゆる障害者が、ほかの人たちと変わらないふつうの（ノーマルな）生活を送れるようにすべきという考え方です。障害があっても人間として平等であり、可能な限り障害のない人と同じ条件のもとでの生活でなければなりません。

　ノーマライゼーションの理念を最初に提唱したのは、デンマークのバンク-ミケルセン（Bank-Mikkelsen, N. E.）といわれています。「知的障害者のために可能な限りノーマルな生活状態に近い生活を創造する」という精神が基礎になっています。障害のある人たちに必要なサポートを行うことにより、ふつうの生活を送れるようにしていくという考え方は、現在では普遍化した思想として広がっています。

　ノーマライゼーションはわが国の法制度に影響を与えており、障害者基本法の改正では、障害を理由とした差別禁止が明文化されました。

ポイント

● 障害のある人たちも、ほかの人と変わらないふつうの生活があります。そのために必要な支援を行うようにします。

虐待防止・身体拘束の禁止

高齢者虐待の防止

　高齢者虐待防止法（高齢者虐待の防止、高齢者の養護者に対する支援等に関する法律）では、高齢者虐待は、「**養護者による高齢者虐待**」と「**養介護施設従事者等による高齢者虐待**」の2つに分けられます。虐待の種類は**表2-2**のとおりです。

　高齢者虐待を発見した際には、すみやかに**市町村に通報**することが介護職には求められています。①**未然防止**、②**早期発見**、③**虐待事案への迅速かつ適切な対応**が重要です。また、介護職には、養護者が「介護疲れ・介護ストレス」から虐待をしないように支援する役割も期待されています。

表2-2　虐待の種類

身体的虐待	身体を傷つけたり、傷つけるおそれのある暴行を加えること
性的虐待	わいせつ行為をしたり、させたりすること
心理的虐待	暴言を吐いたり、拒絶したりすること
ネグレクト	食事を与えなかったり、長時間放置したりすること※
経済的虐待	財産を不当に処分したり、不当に財産上の利益をえたりすること

※：養護者の場合、養護者以外の同居人による「身体的虐待」「性的虐待」「心理的虐待」を放置することも含む。

障害者虐待の防止

　虐待は、障害者の尊厳をも損ねるものであり、障害者の自立や社会参加を実現するうえでも虐待の防止はとても重要です。**障害者虐待防止法**（障害者虐待の防止、障害者の養護者に対する支援等に関する法律）では、障害者虐待は、「**養護者による障害者虐待**」「**障害者福祉施設従事者等による障害者虐待**」「**使用者による障害者虐待**」の3つに分けられます。

障害者虐待を発見した際の対応など介護職に求められていることは、高齢者虐待の場合と同じです。

身体拘束の禁止

利用者の権利を擁護しているつもりでも、意識していないとだれもがおちいりやすいのが**身体拘束**です。

たとえば、認知症の人が居宅から外へ外出しないように、ベッドにからだをひも等で縛ったりする行為は、身体拘束に該当します（**表2-3**）。こうした行為によって、利用者はストレスをためこむことになります。

拘束しない介護を行うには、認知症の人の心理を理解して信頼関係をつくっていくこと、利用者が安心できる生活の場の環境を整えることなどが大切です。拘束しない介護は、人権の面からも、尊厳の面からも、そしてQOLの面からも、重要なことです。

表2-3 身体拘束の具体的な例

- 徘徊しないように、車いすやいす、ベッドにからだをひも等で縛る。
- 転落しないように、ベッドにひも等で縛る。
- 自分で降りられないように、ベッドを柵（サイドレール）で囲む。
- 点滴などのチューブを抜いたり、または皮膚をかきむしらないようにミトン型の手袋をつけて手の動きを制限する。　など

出典：厚生労働省「身体拘束ゼロへの手引き」p.7、2001年を一部改変

ポイント

● 虐待は、高齢者や障害者の権利や尊厳を損ねるものとなります。介護職には、早期発見や養護者への支援などが求められます。

第2節 利用者の自立を支える

1 利用者の自立を支える介護を学ぶ意味

　日本の介護の特徴(とくちょう)は、**自立支援**だといわれます。

　自立支援と聞くと「すべてのことを自分でできるようにするための支援」と思われがちです。しかし、介護職に求められる自立支援は、利用者がすべて自分でできるようにすることだけを目標にしてはいません。

　介護職はまず、だれのための、何のための自立なのかを、きちんと学ぶ必要があります。

　自立支援の意義は、利用者の生活意欲を高め、その人らしい尊厳のある暮らしを支えることにあります。では、生活するための**意欲を高める支援**とは、どのような支援なのでしょうか。このことも、介護職が学ぶべきポイントの1つになります。

　意欲を高めるための支援を考えるときに手がかりとなるのが、**動機と欲求**です。動機と欲求がどのように意欲へと結びつき、行動へとつながっていくのかを考えてみましょう。

　意欲をもたないままの自立支援は、自立の強要になりかねません。そのため、自立支援では、利用者のやろうとする意欲を高める具体的な支援が重要です。

2 仕事を進めるうえでの基本的視点

① 個別ケアの視点

　介護職は、利用者の尊厳のある暮らしを支援します。ただし、その人が生きてきた歴史、生活へのこだわりや価値観などは、1人ひとり違(ちが)うものです。そのため、介護職には、自立支援の前提として、**個別ケア**の視点をもって、その人に必要な支援を行う姿勢が求められます。

② 残存能力の活用の視点

　これまでの介護では、介護職が一生懸命(いっしょうけんめい)に支援するがゆえに、利用者ができ

ることまで介護してしまっていたこともありました。そこで介護職は、**残存能力の活用**という視点をもち、利用者が現在していることや、できる可能性があることを把握する必要があります。

③ 重度化防止と介護予防の視点

要支援・要介護状態の**重度化防止**という視点をもち、利用者が自立した日常生活を続けていけるように支援することが、介護職には求められます。

また、1人ひとりの高齢者ができる限り要介護状態・要支援状態にならないで、自立した日常生活を送れるように支援することも、介護職の役割の1つです。介護職は、**介護予防**の視点をもって、1人ひとりの高齢者の生きがいや自己実現、QOL（生活の質）の向上をめざした取り組みも行います。

3 利用者にとっての自立と自律

自分がしたくないことを他人から強制されたり、逆に自分がしたいことを他人に制限されたりすることは、だれにとってもいやなことです。また、自分でできることでも人に頼ったり、自分の意思でしなかったりすることは、だれにでもあることではないでしょうか。

しかし、介護を必要とする人の場合、「できることを自分の意思でしない」のではなく、「したいという意思があるのにできない」ことがほとんどです。

介護職は自立と同時に**自律**という考え方にも留意して、「その人らしさ」を尊重するために、介護職として配慮すべき点は何かを考えることが大切です。

> **キーワード**
> 自立・自律支援 ▶p.34／残存能力の活用 ▶p.35／動機と欲求 ▶p.36／意欲を高める支援 ▶p.37／個別ケア ▶p.38／重度化防止 ▶p.39／介護予防 ▶p.40

自立・自律支援

　介護を必要とする人の場合、「できることを自分の意思でしない」のではなく、「したいという意思があるのにできない」ことがほとんどです。

　自立とは、ほかの人から援助を受けるにしても、受けないにしても、自分の行動に責任を負うことであり、自分に見合った生活を自分で選び、実際に行うことです。

　介護職が行う**自立支援**とは、「利用者が自力でできるようにする」というせまいものではありません。どうするかを利用者に自分で決めてもらい（＝**自律**）、その人の希望にそった介護を行うことをいいます。

　「自分が手伝ったほうが早い」「本人が行うと時間がかかる」と介護職が考えてしまっては、自立支援につながりません。

事例　自立を支援する食事の介助

　関節リウマチがあり、自分で箸（はし）やスプーンを使えなくなったJさん（80歳（さい）、女性）は、訪問介護（ホームヘルプサービス）を利用して、食事の介助をしてもらうようになりました。しかし、訪問介護の利用時間が限られており、Jさんの食事のペースに合わせて介助することができませんでした。そこで、食事の介助の時間に余裕（よゆう）をつくり、Jさんにどれが食べたいか決めてもらいながら食事の介助をすることにしたところ、Jさんもゆったりと楽しく食事ができるようになりました。

ポイント

- 介護では、利用者が自分に見合った生活を自分で選び、実際に行うことを自立といいます。
- 自立支援とは、どうするかを利用者に自分で決めてもらい（＝自律）、その人の希望にそった介護を行うことです。

残存能力の活用

　介護職は、利用者の失われた機能に目を向けるのではありません。残されている機能に注目して、どの能力ならば発揮することができるのかを検討することが大切です。

　高齢者や障害のある人が、自分に残されている力を活用して、生活の場面で発揮することができる能力を、**残存能力**といいます。残存能力は周囲の環境を整えたり、福祉用具などを活用したりすれば、発揮することが可能になります。

　個人の体力や生活習慣、病歴などによって、残されている機能はさまざまです。だからこそ、介護職は1人ひとりの状況を見きわめる必要があります。

事例　残存能力をいかした生活支援

　1人暮らしのKさん（78歳、女性）は、最近、もの忘れが多くなり、鍋の空焚きをしたり、居室内が常に散らかっていて転倒したりをくり返していました。そこで、介護職は調理器を電磁調理器へ変更したり、介護職がKさんといっしょに部屋の片づけをするなど、Kさんの残存能力をいかした生活支援を開始しました。

Kさんは、しばらくして安定した生活を取り戻し、以前のように近所のサロンに通うようになりました。

ポイント

- 周囲の環境を整えたり、福祉用具などを活用したりすれば、利用者の残存能力を発揮することが可能です。

動機と欲求

　人が何らかの行動をするときには、その行動のもととなる**動機**があります。

　たとえば、「おなかがすいたから食事をしたい」「疲れたから横になりたい」など、人の行動には前提となる動機があり、その動機をもとにして、「食事をしたい」「横になりたい」という欲求が生まれます。

　人は自分の**欲求**を満たすために必要な行動が、自分の力で行えると判断すれば、欲求はそのまま意欲としてひきつがれ、行動につながっていきます。

　また、自分の力で行えるかどうか判断に迷う場合にも、意欲が高ければ、行動してみたくなります。

　介護が必要な人の場合には、欲求が生まれるような動機づけの支援も重要になります。

事例　趣味による動機づけの支援

　外出先で転倒して片足に打撲痛が残ったLさん（82歳、女性）は、外出が怖くなり、ベッドで寝たり起きたりの生活となりました。介護職は、Lさんが植物栽培の趣味があったことを知り、近くに住む家族に相談して、植物を準備してもらいました。居室内で植物の栽培を始めたところ、Lさんはベッドから出て居間で日中を過ごすようになりました。さらに、居室内の植物を庭で育てられるように足腰を鍛えたいと、リハビリテーションのために通所介護（デイサービス）に通うようになりました。

ポイント

- 自分の欲求を満たすために必要な行動が、自分の力で行えると判断すれば、欲求は意欲としてひきつがれ、行動につながります。

意欲を高める支援

　自立支援を目的とする介護では、行為や行動を本人が行おうとする**意欲**を高めるための支援が重要です。介護職は、その意欲にもとづいた生活づくりを支援するという視点を大切にしなければなりません。

　利用者が意欲をもたないままの自立支援は、自立の強要になりかねません。そのため、自立支援では、利用者のやろうとする意欲を高める支援が重要です。

　このとき理解しておかなければならないのは、介護職の基本姿勢として、生活の主人公は利用者であるということ、そして、生活は利用者の意思にもとづいて営まれているということです。

　利用者の意欲に目が向けられなければ、介護職の一方的な押しつけになり、人権や尊厳をいちじるしく損なう可能性があります。

事例　趣味によって意欲を高める支援

　Mさん（76歳、男性）は左半身に麻痺があり、リハビリテーションを続けても成果がないばかりか、常に自分が不幸だと愚痴をこぼしてばかりいました。そこで、機能訓練の担当者はMさんの趣味のカメラに目を向けました。リハビリテーション次第では、またカメラを扱えるようになるので、今度の介護老人保健施設の作品展に写真を飾らせてほしいと伝えたところ、Mさんは愚痴が減り、職員にこころを開くようになり、リハビリテーションに前向きに取り組むようになりました。

ポイント

- 意欲をもたないままの自立支援は、自立の強要になりかねません。
- 自立支援では、利用者のやろうとする意欲を高める具体的な支援が重要です。

個別ケア

　食事の場面を考えてみましょう。食事をするとき、カロリーや栄養面を重視する人もいれば、味つけや見た目をとても大切にする人もいます。あるいは、食べられるものであれば、食材や調理方法にはこだわらないという人もいます。

　このような考え方や好みの違いは、食事の場面以外でも常にあらわれます。たとえば、服装の好みや清潔に対する感覚、時間の使い方や人とのつきあい方などもそうです。

　ふだんの生活を送るなかでは、このようなそれぞれの考え方や好みは、どれが正しく、どれが間違っているということはありません。ふつうに生活している限り、考え方や好みが人それぞれで違っていて当然なのです。

　このような視点にもとづいて**個別ケア**を考えると、介護職の考え方や好みを一方的に押しつけるのではなく、その人の希望にそった介護を行うことが大事であることがわかります。

事例　希望にそった介護

　Nさん（85歳、女性）は1人で暮らしています。6月になり半袖でも過ごせる陽気が続いていました。Nさんの自宅を訪問中、介護職は、Nさんが通所介護に着ていく洋服を選ぶ際、「Nさん、暑くなってきたので薄手の羽織がいいですか？　それともまだ厚手のカーディガンがいいですか？」とたずねました。Nさんは「私はあまり動けないし暑いと思いません。厚手のカーディガンを着たいです」と返答したので、介護職はNさんの希望を尊重しました。

ポイント

● 介護職は、自分の考え方や好みを一方的に利用者に押しつけるのではなく、その人の希望にそった介護を行うことが大切です。

重度化防止

利用者の**要介護状態・要支援状態を重度化させず**、自立した日常生活を継続してもらうためには、介護職ができるだけ現在の心身の状態を維持できるようにはたらきかける必要があります。

「利用者本人が自分で行うと時間がかかるので、介護職が行ったほうが効率がよい」といった考えは、重度化防止に反します。そのためには、ふだんから利用者の心身の状態を観察することが大切です。

介護職は、利用者に関する情報を常に把握し、利用者の変化にいち早く気づき、細やかな配慮ができるようにします。そうすることで、現在どのような状態で介護を行っているのか、介護をしすぎていないか、本人の意思による自立支援になっているか、を確認することができます。

事例　重度化を防止するはたらきかけ

Pさん（91歳、女性、要介護2）は、腰の痛みによってかがむことができず、掃除機がけ、床の雑巾がけを訪問介護を利用して行ってもらっています。Pさんは腰の痛みから動く機会が減り、座っている時間が長くなってしまいました。介護職は、訪問時に健康チェックを行い、Pさんの体調がよい日には立って行える食器洗いをお願いするようにしました。Pさんもいっしょにできることをやろうと意欲的になり、継続して行うようになりました。Pさんに負担はなく、無理のない範囲で活動ができるようになりました。

ポイント

- 重度化防止のためには、介護職ができるだけ現在の心身の状態を維持できるようにはたらきかける必要があります。

介護予防

　介護予防とは、運動機能や栄養状態なども含む心身機能の改善や環境調整などを通じて、高齢者ができる限り要支援・要介護状態にならないようにすることです（**表2-4**）。高齢者が自立した日常生活を営むことができるように支援することが目的です。

表2-4　介護予防とは

① 高齢者が要支援・要介護状態になることを防ぐ。
② 要支援・要介護状態になっても、それ以上悪化しないようにする。

介護予防の視点

　脳血管疾患などの要因となっている**生活習慣病**▶▶の予防と、**廃用症候群**▶▶の予防が重要です。

　廃用症候群が生じると、身体機能のみならず、生活機能もじわりじわりと低下することになります。加齢による身体機能の低下は避けることができませんが、廃用症候群は生活の不活発を原因とするため予防や改善ができます。

　廃用症候群の予防には、できることは自分で行い、生活を活動的にすることが重要です。

　介護の現場では、ともすれば「利用者が負担に思うことを介護職が行う」という形でサービスが提供されがちです。これではかえって利用者の心身機能の低下を招き、サービスへの依存をつくり出しかねません。

　利用者のできることを発見して引き出し、利用者の主体的な活動と参加を高めることをめざした支援が必要です。そのため、介護予防ではできる限り**生活活動範囲を拡大**するようにします（**図2-2**）。

生活習慣病 ▶▶ 食習慣、運動習慣、休養、喫煙、飲酒等の生活習慣が、その発症・進行にかかわる病気のこと。糖尿病、高血圧、脂質異常症などがある。
廃用症候群 ▶▶ 第6章第1節「日常生活の変化」参照

図 2-2　生活活動範囲を拡大する 2 つの方向性

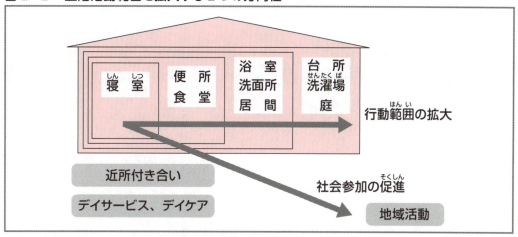

出典：大野隆司監『新版 福祉住環境』市ヶ谷出版社、p.54、2008年

事例　介護予防と主体的な活動

　Qさん（89歳、女性、要介護2）はサ高住（サービス付き高齢者向け住宅）に住んでいます。活動的なQさんでしたが、部屋で転倒し骨折したあとは、「もうどこにも行けない」と部屋に閉じこもってしまいました。Qさんは介護職が支援していくなかで「私が5人きょうだいでいちばん上だったから働くしかなかった。負けるもんかとがんばってきたわ」と過去を思い返すことで意欲が出てきました。しばらくして、サ高住に住んでいる人たちと買い物に行くようになり、「90歳、まだまだやりたいことがある」と活力を徐々に取り戻し、地域のボランティア活動にまで顔を出すようになりました。

ポイント

- 介護予防では、脳血管疾患などの要因となっている生活習慣病の予防と、廃用症候群の予防が重要です。
- できる限り行動範囲の拡大や社会参加の促進をすることが介護予防につながります。

第 **3** 章

介護の仕事の基本
(介護の基本)

ねらい

- 介護職に求められる専門性と職業倫理(りんり)の必要性に気づき、職務におけるリスクとその対応策のうち重要なものを理解する。
- 介護を必要としている人の個別性を理解し、その人の生活を支えるという視点から支援を捉(とら)える事ができるようになる。

第1節 介護の専門性と多職種連携

1 介護の専門性を学ぶ意味

　介護は目的をもって行うものであり、場あたり的に行うものではありません。介護の仕事、なかでも生活援助は、専門職でなくても、だれにでもできるといわれることがあります。しかし、果たしてそうでしょうか。

　専門性とは何でしょうか。年をとることであらわれる身体機能の変化は、生活に大きな影響を与えます。それは家事においても同じです。

　たとえば、視力が低下したり、指を動かしにくくなったりするなどの一般的な傾向を理解しつつ、利用者の個別性を尊重しながら、介護職は利用者ができる部分とできない部分を把握します。さらに、利用者をさまざまな側面から観察し、その状況に応じて、どのように援助すれば自立した生活につながるかを考えます。ここに**介護の専門性**があります。

　生活援助は、家事の経験者であれば、だれにでもできる行為と思うかもしれません。しかし、介護職が行う生活援助は単なるお手伝いではなく、利用者の尊厳を守りつつ、自立を支援し、その人らしい生活を継続できるように援助する役割をになっています。

　介護職は、このことをしっかりと理解することから始めましょう。

2 仕事を進めるうえでの基本的視点

　介護職の強みは、一対一の個別援助を行うことで、利用者のふだんの生活のようすを知っていることにあります。介護職は利用者の生活に深くかかわり、側面から支えます。ふだんの生活のようすをよく知っているので、微妙な変化にも気づくことができます。

　その気づきをほかの専門職につなぐことから、**多職種連携**による支援が始まります。

多職種が連携するチームを組むためには、それぞれのメンバーが何をする人か、お互いの専門性を知っておく必要があります。そのため、多職種連携においては、介護職が自身の専門性についてほかの専門職に的確に伝えることも非常に大切になります。

3 利用者にとっての介護の環境

　利用者にとって生活の場とは、その人にとって個別性の高い、きわめてプライベートな空間です。個々人の生活の仕方や住まい方は、すべてが微妙に異なるといえるでしょう。このことはそのまま、**介護の環境**が1人ひとり異なることを意味しています。

　在宅であれ、施設であれ、介護を行うにあたっては、ベッドの周辺のみならず、室内全体の環境に配慮が必要です。

　さらには、家族関係に加えて、隣近所との関係づくりや地域での交友関係、活動状況にも注目しながら、利用者の社会参加という観点から支援することも重要になってきています。

　介護職には、広い視野から利用者にとっての介護の環境をとらえることが求められます。

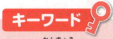

介護の環境 ▶p.46／介護の専門性 ▶p.47／多職種連携 ▶p.48

第3章　介護の仕事の基本

介護の環境

　訪問介護（ホームヘルプサービス）の利用者の多くは、介護を必要としながらも、自宅で自分らしい生活をしている人たちです。介護職は、そのような利用者の自宅環境や生活様式に合わせて、掃除、洗濯、調理などの生活援助を行います。その生活援助は、日常の生活支援の一環として行う必要があります。

　生活支援では、住宅内やその周辺の**物理的環境**（たとえば、家の中は車いすで移動できても、家から外に出られるかなど）に配慮が必要です。また、家族関係などの**人的環境**、さらには、近所との関係づくりや地域での活動などの**社会的環境**にも注目します。利用者の社会参加という側面から生活支援をしましょう。

物理的環境　　　人的環境　　　社会的環境

事例　物理的環境を整える

　利用者Aさんは足腰が弱っています。Aさんの家の中は玄関やお風呂など段差が多くあります。段差をそのままにしておくと、つまずいて転倒するおそれがあります。介護職は環境整備として、段差の解消や手すりの設置などの住宅改修を提案しました。

ポイント

- 介護の環境を整えることによって、今まで利用者が暮らしてきた「自分らしい生活」を介護が必要な状態でも続けることが可能になります。

介護の専門性

　利用者のできないことを利用者に代わって行ったり、利用者に頼まれたことを行うだけでは専門的な介護とはいえません。介護職は1人ひとりの心身の状態や「どうしたいのか」「どうしたらできるのか」をよく把握し、利用者のできることまで必要以上に介護しないように配慮しながら支援していくことが大切です。このように、利用者の自立に配慮できることが**介護の専門性**といえます（**表3-1**）。

表3-1　介護の専門性とは

① 利用者主体の姿勢
② 利用者の生活意欲とできることの活用
③ 利用者の自立した生活の支援
④ 要介護度の重度化の防止
⑤ チームケア▶▶
⑥ 根拠のある介護▶▶

事例　認知症のある利用者の買い物の援助

　軽度の認知症のあるBさんは、買い物ができないので介護職に買い物の依頼をしました。介護職は、Bさんが買い物の帰りに道に迷ってしまうことを知りました。そこで、介護職は買い物に同行して、帰り道も迷わないように見守りました。Bさんは、帰り道も介護職といっしょなので、迷わないで帰ることができました。Bさんは、「私もまだ、自分で買い物をすることができるのね」と自信を取り戻しました。

ポイント

- 利用者のできることを正確に把握し、できないところを支援します。
- 利用者の自立を支援することが介護の専門性の1つです。

チームケア　▶▶　第3章第1節「多職種連携」参照
根拠のある介護　▶▶　第8章第1節「法的根拠にもとづく介護」参照

多職種連携

多職種連携とは、それぞれ違う専門性をもつ職種が協力し合って、チームとして利用者を支えていくことです。介護職のほかに、介護支援専門員（ケアマネジャー）、看護師、医師、保健師、薬剤師、理学療法士、作業療法士、社会福祉士、管理栄養士など（**表3-2**）と、利用者のようすを共有して協力することです。

事例　食事を食べなくなった利用者を多職種で支援

介護職は、訪問先のCさんが食事をほとんど食べていないことに気づき、サービス提供責任者に報告しました。サービス提供責任者はケアマネジャーにそのことを伝え、ケアマネジャーは主治医に相談しました。主治医はCさんを診察し、体重が減っていることと、歯の調子が悪いことを確認しました。その報告を受けたケアマネジャーは、Cさんにかかわっている専門職を集めて会議▶▶を開き、Cさんの体調や食事について検討しました。

その結果、訪問歯科に治療を依頼し、主治医は栄養剤を処方し、介護職はお粥とやわらかな食事の提供をすることになりました。

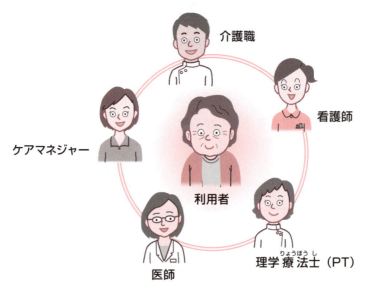

会議 ▶▶ 第5章第2節「会議」参照

表3-2 介護にかかわる多職種の役割

職種	役割
介護支援専門員（ケアマネジャー）	要介護者や要支援者（以下、要介護者等）からの相談に応じ、要介護者等がその心身の状況などに応じて、適切な介護サービスを利用できるように連絡調整などを行う。
社会福祉士	社会福祉サービスを必要とする人に対して、権利擁護や自立支援の視点をもって相談・助言・指導をする対人援助の専門職であり、ソーシャルワーカーの国家資格である。
精神保健福祉士	精神保健福祉領域のソーシャルワーカーで、精神科医療機関、障害福祉サービス事業所などで支援を行う。
医師	業務独占▶▶の国家資格で、医師だけが、診断、投薬（注射）、手術、生理学的検査などを行うことができる。
看護師	病院の中で患者の日常生活援助や治療にともなう処置を行っているほか、介護保険施設などで療養上の世話を行っている。
保健師	家庭訪問・保健指導・地域をベースとした健康診断の開催や健康教育を行う。
理学療法士（PT）	医師の指示のもとに、筋力測定、関節可動域テスト、運動療法や訓練指導などを行い、機能の維持や回復訓練をになう。
作業療法士（OT）	医師の指示のもとに、主として障害のある人に対して、手芸や工作、その他の作業を通して日常活動を援助する。
言語聴覚士（ST）	脳卒中後の言葉によるコミュニケーション障害のある人に対して、検査や評価を行い、訓練や指導、助言を行う。また、嚥下に問題がある人に専門的に対応する。
薬剤師	薬局や病院などで調剤業務、服薬指導などを行う。
管理栄養士	栄養を考慮した献立の作成、調理、衛生管理、栄養指導をにない、食材の発注や原価計算などの食材費管理業務などを行う。
サービス提供責任者	訪問介護事業所でのサービス提供の質を確保するための中核になっている。利用者とのサービス利用に関する契約のほか、ケアプラン▶▶にそった訪問介護計画▶▶の作成などを行う。

業務独占　▶▶ 国家資格において、資格を取得した者がその根拠法で定められた業務について独占すること。
ケアプラン　▶▶ 利用者のニーズに合わせた適切な介護保険サービスなどを提供するための計画のこと。
訪問介護計画　▶▶ ケアプランに示された援助目標にそって、訪問介護事業者が作成する計画。利用者に関する情報を収集したうえで、サービス提供における目標、具体的なサービス内容などが記載される。

第2節 職業倫理

1 職業倫理を学ぶ意味

　介護職は多くの場合、利用者の自宅をはじめとするその人の生活の場で、利用者本人の生活に深くかかわりながら仕事をしていくことになります。そのため、介護職には、**介護の倫理**にもとづいた行動や判断が求められます。

　介護職の仕事は、利用者に直接触れるという特徴があります。そのため、介護職にはたとえ悪意がなくても、何気なく行っていることが、利用者にとっては「尊厳を無視された介護」と受け取られる可能性がないともいえません。

　介護職は、自分たちの仕事が利用者の生命や生活に深くかかわっており、大きな影響を与えるものであるということを自覚する必要があります。

　また、介護職はその立場を利用して虐待などを絶対に行ってはなりません。このような行為は、利用者の生命や生活をおびやかすことになるだけでなく、介護職全体の信用を傷つけることにもなります。

　このように、介護職の仕事は**社会的責任**をもったものであることを自覚するためにも、職業倫理の意味と重要性を学ぶ必要があります。

2 仕事を進めるうえでの基本的視点

　介護職の1人ひとりが、**表3-3**に示す視点にもとづいた行動をとることによって、介護職は社会からの期待にこたえる職業として信頼をえて、存在することができます。

表 3-3　介護職が職業倫理を守るためにもつべき視点

誠実さの視点	介護職は常に利用者の立場に立って、誠実にその仕事を行わなければならない。利用者と親しくなり、気安い態度をとるということと、お互いに信頼し合う関係性をもつということは、同じようにみえてもまったく違うものである。
信用を傷つける行為をしない視点	介護職の信用を傷つけ、介護職全体の不名誉となるような行為をしてはならない。
利用者に関する秘密を守る視点	正当な理由もなく、介護の仕事を通じて知った利用者の情報を漏らしてはならない。秘密を守る視点があってこそ、介護職は利用者から信用される存在になりうる。

3 利用者にとっての職業倫理

　介護職が利用者の生活に深くかかわるということを、利用者の立場に立って考えてみましょう。

　利用者にとってみれば、たとえば、ふだんであれば自分以外の人に見せることのない場所に介護職が入って来たり、あまり知られたくない情報（家族との関係や経済的な状況、病歴など）を介護職に伝えたりすることになります。

　このようなことは、介護職に対する信頼がなければできません。介護職を信頼するからこそ、利用者は安心して介護職を自宅に入れるわけですし、買い物をお願いするときには金銭を預けたりもするわけです。

　介護職は職業倫理にもとづいて、利用者からの信頼にこたえる必要があります。

介護の倫理 ▶ p.52／社会的責任 ▶ p.53

介護の倫理

介護の倫理とは、介護を職業としている者として守らなければいけない行動のルールです。介護職の国家資格である**介護福祉士**に対しては、社会福祉士及び介護福祉士法のなかで高い倫理性が求められています（**表3-4**）。介護福祉士は、介護の専門職として、もっている知識や技術を**利用者の自立支援と利用者の尊厳を守るために**使います。こうした倫理については、介護福祉士以外の介護職においても守るべきものです。

表3-4　介護福祉士に求められている倫理性（社会福祉士及び介護福祉士法）

（誠実義務）
第44条の2　社会福祉士及び介護福祉士は、その担当する者が個人の尊厳を保持し、自立した日常生活を営むことができるよう、常にその者の立場に立って、誠実にその業務を行わなければならない。
（信用失墜行為の禁止）
第45条　社会福祉士又は介護福祉士は、社会福祉士又は介護福祉士の信用を傷つけるような行為をしてはならない。
（秘密保持義務）
第46条　社会福祉士又は介護福祉士は、正当な理由がなく、その業務に関して知り得た人の秘密を漏らしてはならない。社会福祉士又は介護福祉士でなくなった後においても、同様とする。

事例　利用者のプライバシーを守る

介護職は利用者Dさんの訪問が終わったあと、外で近所の人から「Dさんのところのヘルパーさんですか？　Dさんを最近見かけないけど、何か病気にかかったの？」と聞かれました。介護職は「大変申し訳ありません。訪問している方の個人情報を言ってはいけないという決まりがあるので、お答えできないのです」と答えました。

ポイント

- 介護の倫理には、利用者の自立支援と尊厳の保持、プライバシーの保護などがあります。

社会的責任

介護福祉士には、前述の法律以外にも**倫理綱領**が定められています（表3-5）。

介護福祉士には、職業として専門的な介護を提供することに加え、利用者のニーズを代弁すること、自分の住んでいる地域の中で介護に関する相談に乗ることも、社会的責任として求められています。この倫理綱領についても、介護福祉士以外の介護職にも求められています。

表3-5　日本介護福祉士会倫理綱領に定められている7つ規範

① 利用者本位、自立支援	⑤ 利用者ニーズの代弁
② 専門的サービスの提供	⑥ 地域福祉の推進
③ プライバシーの保護	⑦ 後継者の育成
④ 総合的サービスの提供と積極的な連携、協力	

事例　地域での介護相談

近所に住む高齢者の家族のEさんから、「最近、母は足腰が弱って自分の部屋に閉じこもってばかりいるの。同じ事を何度も言うようになったし。どうしたらいいかわからないんです」と、介護職に相談がありました。介護職は、「そういうときはまず、地域包括支援センター▶に相談するとよいですよ」とアドバイスし、担当地域の地域包括支援センターの連絡先を教えました。まもなく地域包括支援センターと連絡がとれ、Eさんの母親の介護保険申請が始まりました。

ポイント

- 介護職は、業務のなかで介護にたずさわることにとどまらず、社会のなかのあらゆる場面で、必要とされています。
- 介護職は、自分がもっている知識や技術を提供して社会に貢献していくことが求められています。

地域包括支援センター　▶▶第4章第1節「介護保険制度の動向」参照

第3節 安全の確保

1 安全の確保を学ぶ意味

　介護職は、利用者の生活に深くかかわることになります。その場合、介護職として守るべき倫理に加えて、**介護現場で起こりやすい事故**などへの対応や、安全への配慮も重要になります。

　私たちの日常生活のなかには、危険や**事故に結びつく要因**となるものがたくさんあります。利用者の生活を支えるということは、そこで生じる利用者の生活上のリスクをあらかじめ予測し、それを避ける技術、また、事故が起きたときにはその影響を最小限にとどめ、安全を確保する技術が求められます。

　介護場面における安全確保の知識と技術を学ぶということは、利用者の生命と生活を守るとともに、介護職自身にとっての安全と安心を守ることにもつながります。

2 仕事を進めるうえでの基本的視点

　介護職の1人ひとりが、**表3-6**に示す視点にもとづいた行動をとることによって、介護職は利用者の安全を確保することができます。

3 利用者にとっての安全の確保

　介護を必要とする状態になったとしても、生活の主体は利用者本人です。事故を予防し、安全を確保するためとはいえ、そうした対策をはかることにより、利用者の活動が制限されたり、希望する生活ができなくなったりしては意味がありません。

　たとえば、ベッドからの転落を防止するために利用者のからだをベッドに縛ることは、安全確保のための対策というよりも、身体拘束▶▶になる可能性があります。

表3-6　介護職が利用者の安全を確保するためにもつべき視点

事故予防の視点	介護場面での事故には、転倒、転落、誤嚥▶▶、誤薬などがある。介護職は、**事故予防**の視点から、あらかじめできることを考えておく。
事故対応・報告の視点	どんなに事故が起こらないような対策をとっていたとしても、事故は起こってしまうことがある。**事故対応**においては、利用者への対応が最優先になる。また、それと並行して、事業所内で事故の発生を**報告**し、家族へも報告するようにする。
感染症対策の視点	日ごろから**感染症対策**を意識した介護を行っていると、万が一、感染症が発生したときに早めの対応につながり、被害を最小限にとどめ、拡大を防止することができる。
緊急時の対応の視点	介護場面では事故によるけがのほか、利用者の急な体調の変化などにより、介護職は緊急時の対応を迫られることがある。**緊急時の対応**が遅れてしまうと利用者の生命にかかわる場合もあるので、介護職は対応の仕方をきちんと確認しておくようにする。

　介護職からみて安全が確保しやすくなる（仕事がしやすくなる）という観点から、事故予防や感染症対策を検討してはいけません。利用者にとって安全と安心を確保することで、その人の希望する生活がどのように実現できるのか。この視点にもとづいて、介護職は具体的な解決策を検討することが大切です。

キーワード

介護現場で起こりやすい事故 ▶p.56／事故に結びつく要因 ▶p.58／事故予防 ▶p.60／事故対応・報告 ▶p.62／感染症対策 ▶p.63／緊急時の対応 ▶p.66

誤嚥 ▶▶第9章第4節「咀嚼・嚥下」参照
身体拘束 ▶▶第2章第1節「虐待防止・身体拘束の禁止」参照

介護現場で起こりやすい事故

何気なく生活している場にも、多くの事故の可能性がひそんでいます。**介護現場で起こりやすい事故**として、転倒、転落、誤嚥、物品破損、誤薬などがあります（図3-1）。

図3-1　介護現場で起こりやすい代表的な事故

事例　声かけで防げる事故

介護職は朝食の調理のために、利用者Fさんの自宅を訪問しています。ある日、介護職が調理を終えると、Fさんはいすからずり落ちそうになっていました。

➡　介護職は「Fさん、姿勢がくずれています。座り直せますか。床に足をしっかりとつけて、肘かけにつかまりましょう」と声をかけました。Fさんは、介護職の助言に従って、姿勢を正しました。

➡　声かけによって、いすからの「転落」と、無理な姿勢で食べることによる「誤嚥」を防ぐことができました。

認知症と事故

利用者は長年暮らしてきた家で、それぞれの習慣をもちながら生活しています。使った物品は基本的に、元の位置に戻しましょう。とくに、認知症が進行している場合、新しい環境に適応できず、事故が起こることがあります。

事例　環境の変化によって起こる事故

利用者Hさんは、認知症の進行によって、趣味のガーデニングをすることがむずかしくなっています。落ちこむHさんの姿を見て、介護職は、寝室に飾ってあった花瓶を、Hさんに見えやすいよう、リビングの机の上に移動しました。介護職が退室したあと、Hさんは花を食べ物だと認識してしまい、誤って口の中に入れてしまいました。

➡　介護職は、このような事故が起きないように、花瓶を元の位置に戻し、できるだけ環境を変えないように配慮しました。

ポイント

- 事故の実例やパターンを知っておくことで、いざというときに冷静な対処をする心構えができます。
- 小さな工夫で大きな事故を防ぐこともできます。自分にはどんなことができるかを考えながら、事例を通して学んでおきましょう。
- 認知症が進行している場合、小さな環境の変化によっても事故が起こる場合があります。

事故に結びつく要因

　実際の事故は、いくつもの要因が重なって起こります。**事故に結びつく要因**は、おもに3つに分類できます（**表3-7**）。

表3-7　事故の要因となる例

分類	具体例
利用者による要因	●視力・認知力・筋力の低下 ●持病の影響 ●薬の副作用　など
介護者による要因	●不注意 ●情報の把握不足 ●長い爪 ●アクセサリー　など
環境による要因	●物品の破損 ●福祉用具の整備不良 ●家具の不適切な配置 ●すべるフローリング、ごわつくカーペット ●騒音（異常音をかき消すテレビ音）　など

事例 ベッドからの転落事故の要因と対策

　利用者Jさんは頻尿があります。ある朝、介護職が訪問すると、Jさんがベッドの横に倒れていました。話を聞くと、夜中にトイレへ行こうとした際、ベッドから落ちてしまったとのことでした。幸いけがはありませんでした。

➡ 事故を発見した介護職は、要因を次のように分析しました。

① 頻尿で寝不足気味であった。
② 介護職がベッドメイクのあと、サイドレールをつけ忘れた。
③ ベッドの周囲が暗かった。フローリングがすべりやすかった。

➡ 事業所で話し合いが行われ、次の対策をとることになりました。

① 頻尿の治療ができないか、医療職に相談する。
② ベッドにサイドレールをつけるのを忘れない。シーツをきちんと整える。
③ ベッドサイドに足元灯を1つつける。

➡ 介護職は、訪問したときに対策を実行することを忘れないよう、いつも携帯している手帳に書きとめておきました。

ポイント

- 事故が起こる要因は、1つとは限りません。多角的な視点から要因を想定し、援助を行うことで、事故のリスクを抑えることができます。
- 考えられる要因のうち、改善できる点は、確実に実行するようにしましょう。

事故予防

　事故を予防するためには、視覚・聴覚・嗅覚を使って、利用者や環境を観察し、いつもと違うようすを察知することが重要です（図3-2）。住み慣れた場所だからこそ、本人や家族は気づかないこともあります。介護職の「**いつもと違う。なんだかおかしいな**」という気づきが、事故を未然に防ぐのです。

図3-2　視覚・聴覚・嗅覚を使った観察

事例　脳梗塞の初期症状を発見

　ある日、介護職が利用者Kさんの自宅を訪問すると、Kさんが「今日は少し頭痛がして、しびれる感じがする」と言いました。家事の援助をしながら話をしていると、言葉が出にくかったり、ろれつがまわらなかったりと、いつもと少し違ったようすです。介護職が帰るころには、ふだんのKさんに戻っており、「頭痛も治まってきたみたい」とのことでした。

➡　介護職は、Kさんに対していだいた違和感を事業所に報告しました。
➡　後日、Kさんは医療機関を受診し、脳血管がつまりやすくなっていることが判明し、脳梗塞の治療をしました。

生活安全に関する対策

事故のほか、自宅で暮らしている高齢者をねらった**悪質商法**による消費者被害のおそれもあります。見知らぬ人の出入りや不必要な商品購入の形跡を見逃さないようにしましょう。

事例　悪質商法の形跡を発見

ある日、介護職が利用者Lさんの自宅を訪問すると、今までに見たことのない健康食品が置いてありました。Lさんに話を聞くと、感じのよい男性が来て、購入をすすめられたとのことでした。ほかにも、高級な寝具や、食べられそうもない果物を売る人がやって来ることがわかりました。

→　介護職は悪質商法の可能性を考え、事業所に報告しました。

→　事業所は、見知らぬ人を家に入れないことや、プライバシーを明かさないことを助言し、万が一のときはクーリング・オフ制度▶▶を利用するよう案内することにしました。

ポイント

- 小さな変化も見逃さないよう、利用者や環境をよく観察します。
- 変化に気づいた際は、1人で対処しようとせず、すみやかに報告を行いましょう。

クーリング・オフ制度 ▶▶ 訪問販売などの不意打ち的な取引で契約した場合などに、一定の期間内であれば無条件に契約を解除できる制度のこと。

第3章　介護の仕事の基本

事故対応・報告

　事故が起こってしまった場合は、必ずサービス提供責任者などに**報告**し、対応を確認します。悪い情報から先に伝えることが原則です。

　小さな事故も、大きな事故につながる可能性があります。事故の大小にかかわらず、「**ヒヤリハット**（ヒヤリとしたこと、ハッとしたこと）」も報告しましょう。

事例 物品の損害事故につながりうるヒヤリハットの報告

　介護職が掃除中に、テーブルの上にあった花瓶を倒してしまいました。花瓶に割れ目が入っていましたが、音はしませんでした。割れ目がいつ入ったものなのかも、わかりません。

➡　次に訪問した別の介護職が、花瓶を落として割ってしまい、利用者や介護職がけがを負うかもしれません。そうしたことを防ぐためには、大事にいたらなかったとしても、きちんと報告し、事故のリスクを共有しておきましょう。

➡　事前に破損している部分がわかっている場合は、利用者や家族と確認し、事業所に報告しておきましょう。

ポイント

- 事故が発生した場合の連絡手段を確保し、事業所に連絡できるようにしておきましょう。
- 「ヒヤリハット」を報告し、共有することで、事故の発生・深刻化を防ぐことができます。

感染症対策

夏場は細菌性、冬場はウイルス性の**感染症**に注意しましょう（**表3-8**）。高齢者は、自覚症状こそ出にくいものの、感染症にかかりやすく、かかってしまうと症状が重くなる傾向にあります。

表3-8　感染症の代表的な病原菌と症状

季節	6月──夏──9月	10月──冬──3月	
病原菌	サルモネラ菌 腸管出血性大腸菌（O157、O111）	ノロウイルス	インフルエンザ
症状	腹痛、吐き気、下痢	腹痛、下痢 吐き気、発熱	突然の高熱 倦怠感

事例　ノロウイルスにかかった高齢者の症状

利用者Mさんは、朝から嘔吐と下痢をくり返しています。その他の症状はなかったため、本人はそのうち治まるだろうと思っていました。ところが、昼前から頭痛がひどくなってきました。嘔吐と下痢の結果、脱水症状になっていたのです。さらに、嘔吐物を喉につまらせて窒息しそうにもなりました。昼食の調理のため訪問した介護職は、Mさんのようすを見て、すぐさま事業所に連絡しました。

感染症にかかった利用者のこころのケア

　インフルエンザやノロウイルスは、症状が治まったあとも、感染者の排泄物（便や痰等）にウイルスが残ります。そのため、熱が下がってからも数日間は、多数の人との接触を避けることが一般的です。しかし、認知症のある利用者は、自分が感染症にかかったことを忘れ、なぜ隔離されなければならないのか混乱する場合があります。また、自宅で1人暮らしの利用者は、長く閉じこもりの期間が続くことがあります。利用者が感染症にかかった場合は、からだだけでなくこころのケアも重要です。

事例　インフルエンザにかかった認知症のある利用者のケア

Nさん：いつまで家にいなきゃいけないのかしら……。

介護職：Nさん、インフルエンザだったそうですよ。
昨日は吐き気もあったようです。
大事をとってしばらく家で過ごされたほうがよいと、医者が言っていました。

Nさん：インフルエンザだなんて、嘘でしょう。
私は元気よ。

介護職：そうですね。
今日はお元気そうで安心しています。

Nさん：だったら、もう外に出たいわ。
元気なんだもの。

介護職：そうですね、外に出たいですよね……。
Nさんは、どこに行きたいのですか。

Nさん：××スーパーのお惣菜を買わなきゃ。
今日は安い日だから。

介護職
どんなお惣菜ですか。
私がつくってみましょう。
もっと安くすむかもしれませんよ。

Nさん
××スーパーのお惣菜がいいのよ。
あの味が好きなの。

介護職
私の料理も負けませんよ！
あとで味見していただけませんか。

Nさん
ふふ、強気ね。
わかったわ、つくってちょうだい。

ポイント

- 抵抗力や体力がおとろえている高齢者が感染症にかかると、最悪の場合、死にいたることもあります。
- 感染症の症状を把握しておき、症状を認めた場合にはすぐに事業所に連絡しましょう。
- 感染症にかかると、利用者は精神的にも不安定になります。
- 感染症の拡大防止に努めると同時に、利用者のこころのケアをすることが大切です。

緊急時の対応

　生活援助では基本的に利用者のからだに触れることはありません。しかし、利用者の生命にかかわる場合には、応急処置を行う必要が生じます。
　緊急事態が発生した場合は、だれでも平常心ではいられないものです。それでも、緊急時には冷静になって対応することが求められます。緊急時にパニックにならないためには、表3-9のことを理解しておく必要があります。

表3-9　緊急時にパニックにならないために理解しておくこと

① 緊急事態が発生したときは、自分で判断をせず、まずは事業所に連絡し、指示をあおぐとともに、応援を要請する。事業所に連絡することを理解しておくとともに、事業所の連絡先を常にわかるようにしておく。
② 介護の現場において、緊急時の対応が求められるおもな場面として、「誤嚥した場合」「転倒した場合」「意識を失った場合」「地震などの天災」などがある。想定できる事態については、シミュレーションをし、対応方法を理解しておく。

事例　応援要請後の対応例

■誤嚥した場合	■転倒した場合

口腔内から食べ物を取り除き、左右の肩甲骨の間を強くたたく。	無理に動かさず、痛みの部位や腫れ、出血の有無を確認する。

■意識を失った場合	■地震(じしん)などの天災

意識・呼吸の有無を確認する。口腔(こうくう)内の食べ物を取り除く。できれば横向きに寝(ね)かせる。	調理中の火は消す。日ごろから避難(ひなん)場所を確認しておく。

> **ポイント**
> - 緊急(きんきゅう)時には、まずパニックにならないことが大切です。
> - 緊急(きんきゅう)事態が発生したときは、自分で判断をせず、まずは事業所に連絡(れんらく)し、指示をあおぎます。連絡先(れんらくさき)を常にわかるようにしておくとともに、連絡(れん らく)手段を確保しておくことが大切です。
> - 緊急(きんきゅう)事態を想定して、シミュレーションをくり返し、対応方法を理解しておくことが大切です。

第4節 健康管理

1 健康管理を学ぶ意味

　介護とは、対人援助が基本となる仕事です。介護職自身の健康状態は、利用者に対して行う介護の質の維持と向上にとって、非常に重要な役割を果たしています。

　介護職自身が健康を維持することは、質の高い安心・安全な介護を行うために必要不可欠な条件となります。質の高い介護を行うためには、介護職自身による**心身の健康管理**が非常に重要な意味をもつのです。

　介護職は、対人援助職のなかでも、身体的・精神的に負担が重く、心身の両面で健康障害を起こしやすい職種の1つだといわれています。そのため、介護職は、日ごろから心身ともに健康を維持・増進する対策を学ぶ必要があります。

2 仕事を進めるうえでの基本的視点

　介護職が自身の心身の健康を維持・増進するためには、**表3-10**に示す視点が大切です。

3 利用者にとっての介護職の健康管理

　こころとからだの健康は、人が生き生きと自分らしく生活していくための重要な条件になります。このことは、介護職にとっても利用者にとっても同じことです。

　介護職の健康状態は、利用者に対して行う介護の質に非常に大きな影響を与えます。

　介護職が健康な心身状態でいれば、利用者に安心感を与え、また、よりよい介護が提供できます。しかし、逆に介護職が健康を害していると、介護の質は低下し、事故につながる危険性もあるのです。

　心身の健康はQOL（生活の質）▶▶にも、仕事の質にも大きな影響を与えます。

表 3-10　介護職が心身の健康を維持・増進するためにもつべき視点

ストレスマネジメントの視点	過度なストレスが続くと、精神面での健康に悪影響を及ぼす。介護職の**ストレスマネジメント**（ストレス対策）としては、個人によるストレス解消法のほか、職場での取り組みも大切になる。
感染症対策の視点	介護を必要とする人たちの多くは、感染症にかかりやすい状態にある。そのため、介護職が**感染予防**を行い、常に自身の感染に備えて、自身の健康管理を十分に行い、予防に努める必要がある。
手洗いの視点	感染症の予防には、「手洗いに始まって手洗いに終わる」といわれるほど、**手洗い**の徹底が重要である。正しい手洗いの方法を身につけ、利用者が感染症にかかっているかどうかにかかわらず、手洗いを行うことが大切である。

利用者の生命や生活に深くかかわる介護職としては、常に心身両面の健康管理を心がけ、みずからが利用者にとってのさまたげにならないようにする必要があります。

心身の健康管理 ▶p.70／ストレスマネジメント ▶p.72／感染予防 ▶p.74／手洗い ▶p.76

QOL（生活の質） ▶▶ 第 2 章第 1 節「QOL（生活の質）」参照

心身の健康管理

からだが疲れているサインを発したら、早めに対処しましょう（図3-3）。こころの不調もからだの症状として出ることがあります。

図3-3　代表的な疲れの症状と対処法

- ●眠気・ぼうっとする
  - ・睡眠の質を高める（寝室の環境を見直す等）。
- ●風邪をひきやすい・疲れやすい
  - ・感染予防▶▶を徹底する。
  - ・生活習慣を見直す（栄養豊富なバランスのよい食事を心がける等）。
- ●頭痛・肩こり
  - ・こまめにストレッチを行い、からだをほぐす。
- ●腰痛・膝痛
  - ・ボディメカニクス▶▶を意識する。
  - ・腹筋、背筋を鍛える等、体力づくりを習慣化してみる。

事例　腰痛もちの介護職がとっている行動

介護職のPさんは、日ごろから腰が痛くなりやすいと自覚しています。そのため、次のことを実践するようにしています。

① 前かがみにならないように掃除機がけを行うなど、ボディメカニクスを意識して動作をする。

② 訪問のあいだや寝る前に軽い体操を行い、その日の疲れはその日のうちにとる。

③ 月に1回、行きつけの整骨院に行って、全体の調子を整える。

感染予防 ▶▶ 第3章第4節「感染予防」参照
ボディメカニクス ▶▶ 第8章第3節「ボディメカニクス」参照

利用者の死に対する心構え

　介護職が大きなストレスを感じる場面の1つに、「死に直面するとき」があります。恐怖（きょうふ）を感じる、悲しくなる、落ちこむなどは、自然な感情です。まずは、「そういう気持ちになるのだ」と知っておくことが、衝撃（しょうげき）をやわらげてくれるでしょう。

事例　死に直面した介護職のケア

　介護職のQさんは、訪問していた利用者Rさんの死の知らせを受けました。その後、「人生になんの意味があるのか。どうして死んでしまう人を介護するのか」といった答えのない問いが頭から離（はな）れません。

　職場の同僚（どうりょう）に打ち明けたところ、自分たちの看取（みと）りをふり返って、よかったところ、悪かったところを話し合う機会が設けられました。そこでQさんは、戸惑（とまど）っているのは自分だけではないことを知り、安心を覚えました。また、Rさんとの思い出をふり返ることで、「会えてよかった」「経験を次にいかそう」と思うようになりました。

ポイント

- 身体の不調を感じたら、症状（しょうじょう）が深刻になる前に、早めに対処をします。
- 自分の生活やからだの性質に合った対処法を見つけ、実践（じっせん）しましょう。
- まわりの職員と気持ちを共有し、死と向き合う時間をもつことは、気持ちの整理の手助けとなります。

ストレスマネジメント

介護はやりがいのある仕事ですが、**ストレス**もたまりやすい仕事です（**表3-11**）。しかし、あせったり、いらだってしまうと、事故につながったり、利用者に悪い影響を及ぼしかねません。また、使命感や責任感が強く、熱心に仕事に打ちこむ人ほど、**燃え尽き症候群（バーンアウト症候群）** におちいりやすいといえます。人をケアする専門職として、自分のケアもおこたらないようにしましょう（**表3-12**）。

表3-11　介護現場における5大ストレス

体力がもたない	天候にかかわらず、訪問に出なければならない日もあり、くたびれると感じる。
感情を抑えなければいけない	「笑顔で」「責めない」「共感する」などの態度を守ることが求められるが、こころにゆとりがないと、イライラしてしまう。
結果がみえにくい	老化の理解▶▶ができていないと、利用者の状態が改善しないことに虚しさを感じる。
効率化しにくい	利用者には長年の生活習慣があり、自分の思うように物事が運ばないと感じる。
マンネリ化しやすい	1つひとつのケアに意味があるという目的意識を忘れると、作業が単調になり、終わりがないように思える。

表3-12　ストレスの予防・対処法

交代する	介護の仕事はチームで成り立っている。無理だと感じたときには、1人ですべてをかかえようとせず、ほかの介護職に代わってもらう。
学ぶ	本などでストレス対処法について学びを深め、ストレスの原因に対する視点が変わることで、ストレスが軽減することがある。

老化の理解　▶▶　第6章第1節参照

休息をとる	・睡眠時間を十分にとったり、深呼吸やマッサージを行うなどして、緊張をほぐす。 ・ゆっくりと考えをめぐらす時間をつくり、なぜこの仕事についたのかふり返る機会をつくるのもよい。
発散する	・職場や職場外に、相談できる相手をつくっておく。話すだけで気持ちが軽くなることは多い。 ・自分の趣味で気分転換をし、仕事のことを忘れる時間をつくるのも大切である。 ・笑いはストレス発散に有効である。

事例 出来事の背景を学ぶことによってストレスが軽減される

利用者Sさんは、同じ話をくり返します。介護職は、返事をすることに疲れてしまいました。調べてみると、次のようなことがわかりました。

① 話したことを忘れるのは認知症のせいである。
② 話の内容に答えることよりも、答えてくれる存在がいるということで安心感をえている。
③ くり返し出てくる話は、その人が人生のなかで大切にしていたことである。

介護職は、Sさんの話の表面ばかりにとらわれていたことに気づきました。それからは、Sさんのことを理解できるように、Sさんとコミュニケーションをするようになりました。

ポイント

● 介護は体力的にも精神的にも疲れやすいことをこころにとめ、意識的に自分をケアする時間を確保しましょう。
● ストレスを軽減し、余裕が生まれることで、よりよいケアが可能になります。

第3章 介護の仕事の基本

感染予防

　介護職が感染症にかかると、利用者にも感染するおそれがあります。まずは介護職自身が感染症にかからないことが大切です。**図3-4**のような**感染症対策**をとり、**早期発見・早期対応**を意識しましょう。

　また、感染症を予防するためには環境管理も重要です（**図3-5**）。ウイルスなどの消毒では、**インフルエンザ**にはアルコール、**ノロウイルス**には次亜塩素酸ナトリウムや加熱処理（85℃から90℃で90秒以上）が有効です。乾燥する冬季はとくに気をつけましょう。

図3-4　介護職の感染症対策

手洗い・うがいの徹底　　マスクの着用（鼻までおおう）　　手袋の着用

図3-5　感染予防のための環境管理

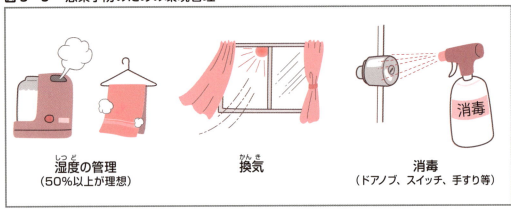

湿度の管理（50％以上が理想）　　換気　　消毒（ドアノブ、スイッチ、手すり等）

手洗い ▶▶ 第3章第4節「手洗い」参照

食中毒の予防

夏場の**食中毒**は、基本的には、食品を十分に加熱することで防げます。その他、図3-6のようなことに配慮しましょう。

図3-6　食中毒の予防

- ・野菜はよく洗い、できるだけ加熱調理する。
- ・つくった料理は長時間放置しない。
- ・肉や魚は汁が漏れないように包んで保存する。
- ・消費期限を確認する。
- ・少しでも怪しい場合は、本人や家族に了承をえて捨てる。
- ・こまめに石けんで手を洗う。
- ・排水溝のゴミはこまめに捨てる。
- ・肉や魚を切ったあと、そのまま野菜などを切らない。
- ・十分に加熱する（85℃で1分以上）。
- ・包丁やまな板は洗って熱湯で消毒する。

ポイント

- ●手洗い・うがいの徹底などによって、感染症対策をしましょう。
- ●湿度の管理や消毒などによって、病原菌を増殖させない環境づくりをしましょう。
- ●食中毒を予防するためには、食品を十分に加熱することが重要です。

手洗い

感染症の予防方法として**手洗い**は大切です。図3-7の正しい手洗いの順序を身につけ、実践しましょう。よごれの残りやすい部分は、意識してこするようにします（図3-8）。とくに菌が残りやすい爪は、短く切っておきましょう。

また、感染症の予防のためには、手洗いを行う適切なタイミングを知っておくことも大切です（表3-13）。

利用者の居宅を訪問するときは、清潔なタオルや消毒液を持ち歩き、必要に応じて保湿も行えるようにしておくとよいでしょう。

図3-7　手洗いの順序

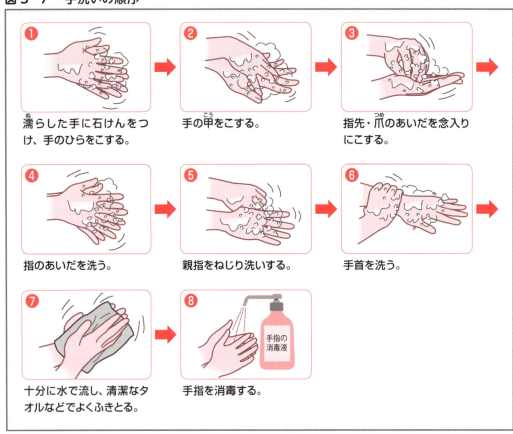

❶ 濡らした手に石けんをつけ、手のひらをこする。
❷ 手の甲をこする。
❸ 指先・爪のあいだを念入りにこする。
❹ 指のあいだを洗う。
❺ 親指をねじり洗いする。
❻ 手首を洗う。
❼ 十分に水で流し、清潔なタオルなどでよくふきとる。
❽ 手指を消毒する。

図 3-8　よごれの残りやすい部分

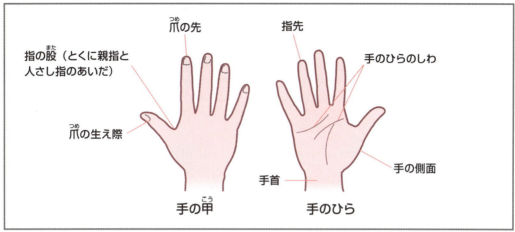

表 3-13　手洗いのタイミング

① 外から入って来たときは、病原菌を持ち込まないために、必ず手洗いを行う。食品を介して直接体内に病原菌が入りやすい調理前後・調理中は、頻繁に手洗いを行うようにする。

② 食事前やトイレに行ったあとは、利用者にも手洗いの声かけをする。

ポイント

- 確実な手洗いは、感染症の予防に多大な効果があります。
- とくに調理中はこまめに手洗いを行います。
- 手荒れ予防のため、保湿クリーム等もあるとよいでしょう。

第 **4** 章

介護・福祉サービスの基本

（介護・福祉サービスの理解と医療との連携）

> **ねらい**
>
> 介護保険制度や障害福祉制度を担う一員として最低限知っておくべき制度の目的、サービス利用の流れ等について、その概要のポイントを列挙できるようになる。

第1節 介護保険制度の基本

1 介護保険制度を学ぶ意味

　日本では、人口の少子高齢化が進んでいます。その原因は平均寿命の延び、合計特殊出生率の低迷といわれています。

　なかでも75歳以上の後期高齢者が増えつづけ、介護が必要な高齢者の増加につながっています。その一方で、同居家族による介護は困難な状況となっています。

　このような状況に対応するために、社会保険の1つとして、介護保険制度が2000（平成12）年から始まりました（**図4-1**）。

　介護保険制度の目的は、高齢者介護を社会全体で支えることです。介護職として、介護保険制度のしくみをよく理解し、利用者やその家族がとまどうことなく、安心して利用できるようにしましょう。

図4-1　社会保険の種類

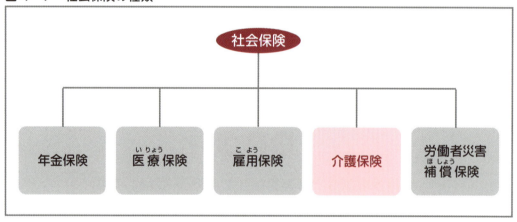

2 介護保険制度の基本的視点

介護保険制度の基本的視点は、**表4-1**のとおりです。

表4-1　介護保険制度の基本的視点

① 要介護状態・要支援状態や認知症となっても、1人の高齢者として尊厳を守れるように介護する。
② 介護が必要にならないように予防の視点をもつ。要介護状態・要支援状態になっても要介護度（介護が必要な程度）が高くならないように介護する。
③ 住み慣れた地域で自分らしい生活を人生の最期まで続けられるように、介護や医療の連携に努める（地域包括ケアシステム）。
④ 介護が必要な人の心身や環境の状況にふさわしいサービスを、その人自身が選択できるように支援する。
⑤ NPO法人（特定非営利活動法人）や民間企業など、さまざまな組織がサービスを提供する。
⑥ 利用者1人ひとりに合わせた自立支援の視点で援助する。
⑦ 国民すべての課題である介護を社会全体で支えるため、40歳以上の者が保険料を負担する社会保険方式で介護保険の財源を支える。

3 利用者にとっての介護保険制度

　介護保険制度は3年に1度見直されています。そのため、利用者にとって制度がわかりにくくなっているともいわれています。介護職は利用者に適切なサービスを選択してもらえるように、**介護給付、予防給付、要介護認定・要支援認定**など基本的な**介護保険制度のしくみ**とともに、**介護保険制度の動向**を理解しましょう。

キーワード

介護保険制度の目的 ▶p.82／介護保険制度の動向 ▶p.83／介護保険制度のしくみ▶p.85／介護給付 ▶p.87／予防給付 ▶p.88／要介護認定・要支援認定 ▶p.89

介護保険制度の目的

創設の背景と目的

　介護を必要とする高齢者が増加し、核家族化が進むなか、身内だけで介護をすることが困難になり、社会全体で介護をになうしくみが必要となりました。
　介護保険制度は、高齢者介護を社会全体で支えるためのものです。

ケアマネジメントとは

　介護保険制度には、**ケアマネジメント**というしくみが取り入れられています。ケアマネジメントとは、介護が必要な利用者のニーズに合わせて、介護保険制度のサービスを適切に利用できるように調整するしくみのことです（**図4-2**）。このケアマネジメントの役割をになうのが**介護支援専門員（ケアマネジャー）**▸▸です。
　介護保険サービスを受けるためには、利用者がサービス利用の申請を市町村に行い、要介護認定・要支援認定を受け、ケアマネジャーに**ケアプラン**▸▸の作成を依頼する必要があります。

図4-2　ケアマネジメントのイメージ

ポイント

- 介護を社会全体で支えるために介護保険制度が新たにつくられました。
- サービスは、「自立支援」のために提供することが求められています。

介護支援専門員（ケアマネジャー）　▸▸第3章第1節「多職種連携」参照
ケアプラン　▸▸利用者のニーズに合わせた適切な介護保険サービスなどを提供するための計画のこと。

介護保険制度の動向

予防重視型システムへの転換

　2000（平成12）年から介護保険制度が始まりましたが、2006（平成18）年から**予防給付**▶▶が導入され、**予防重視型システム**への転換がはかられました。介護保険制度のなかで、介護予防をになうのは、**予防給付**と**地域支援事業**▶▶です（表４-２）。

表４-２　予防給付と地域支援事業の目的

予防給付	・要支援状態にある人（要支援者）を対象とし、要支援状態から要介護状態に重度化しないように支援する。
地域支援事業	・要支援者を対象とし、要支援状態から要介護状態に重度化しないように支援する。 ・要支援状態・要介護状態になるおそれの高い人を対象とし、要支援状態・要介護状態にならないように支援する。

地域包括ケアシステム

　高齢者が地域で自立した生活を営めるよう、**地域包括ケアシステム**の実現をめざした体制の構築が進められています。
　地域包括ケアシステムとは、医療や介護のみならず、福祉サービスを含めたさまざまな生活支援サービスが、日常生活の場で適切に提供できるような地域での体制のことです。地域包括ケアシステムのなかで中心的な役割をになうのが、**地域包括支援センター**です。
　地域包括ケアシステムを実現するためには、**表４-３**の５つの視点での取り組みが、包括的、継続的に行われることが必須とされています。

予防給付　▶▶　第４章第１節「予防給付」参照
地域支援事業　▶▶　介護給付や予防給付などの保険給付とは別に行われる事業で、市町村が実施するもの。介護予防を目的としたもの以外にも、配食サービスなどの生活を支援するサービスの提供、虐待防止などの権利擁護、地域住民の相談対応などを行う事業である。

表4-3　地域包括ケアシステムを実現するための5つの視点

① 医療との連携強化
② 介護サービスの充実強化
③ 予防の推進
④ 多様な生活支援サービスの確保や権利擁護など
⑤ 高齢期になっても住みつづけることができる高齢者住まいの整備

図4-3　地域包括ケアシステムの姿

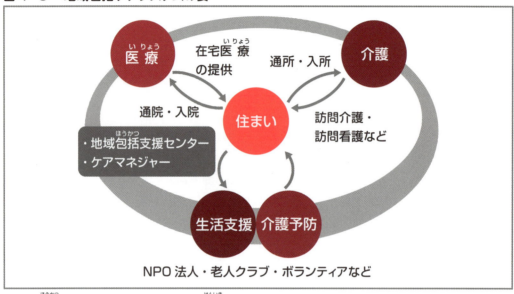

注：地域包括ケアシステムは、おおむね日常生活圏域（中学校区）を単位として想定。

 ポイント

- 高齢者が住み慣れた地域で自立した生活を営むことができるよう、地域包括ケアシステムの構築が進められています。

介護保険制度のしくみ

保険者と被保険者

　介護保険制度は、**保険者**である**市町村**および特別区（以下、市町村）によって運営され、40歳以上の人が**被保険者**となります。被保険者は、年齢によって**第1号被保険者**（65歳以上）と**第2号被保険者**（40歳以上65歳未満）の2つに区分されています。

保険給付の目的

　保険給付の目的は、**要介護状態・要支援状態の軽減や悪化の防止**に役立てることです。そして必要なサービスを適切に提供し、可能な限り自立した日常生活を営むことができるよう、支援していきます。

保険給付の種類

　保険給付には、**介護給付**と**予防給付**があります（さらに、市町村特別給付を設けている保険者もあります）。要介護状態にある人（要介護者）であれば介護給付を、要支援状態にある人（要支援者）であれば予防給付を、それぞれ利用することができます。

財源

　介護保険制度の**財源**は、国・都道府県・市町村で半分を負担しており、残りの半分は第1号被保険者と第2号被保険者の保険料でまかなわれています。第1号被保険者の保険料は、市町村が徴収しますが、第2号被保険者の保険料は、医療保険者が医療保険の保険料とあわせて徴収するしくみとなっています。

指定介護サービス事業者の指定

　事業者が介護保険サービスを提供するためには、**指定**（許可）を受ける必要があります。地域密着型サービスを提供する事業者は**市町村**の指定を、居宅サービスと施設サービスを提供する事業者は**都道府県**の指定（一部の施設は許可）を受ける必要があります。

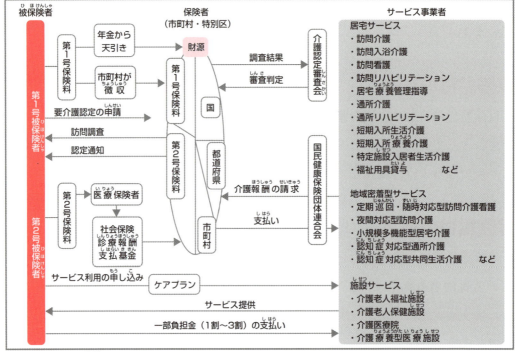

図4-4　介護保険制度のしくみ

注1：「保険者」の楕円内の構成は、介護保険の財源構成を表す。
　2：「しくみの概要」であるので、すべてのサービス等を示すものではない。
出典：介護福祉士養成講座編集委員会編『新・介護福祉士養成講座2　社会と制度の理解 第6版』中央法規出版、p.178、2017年を一部改変

ポイント

- 40歳以上の人は、原則として介護保険の被保険者になります。
- 保険給付には、介護給付と予防給付があります。

介護給付

　介護給付は、保険者である市町村から、要介護状態と認定された人が利用できるサービスです（**表4-4**）。**要介護状態**とは、おおむね6か月にわたり継続して常時介護を要すると見こまれる状態です。

　介護給付・予防給付とも、**要介護状態区分・要支援状態区分**に応じ、利用できる保険給付の範囲（金額）について、月ごとに上限額が設定されています。

表4-4　介護給付の種類と内容

	市町村が指定を行うもの	都道府県・政令指定都市・中核市が指定を行うもの
介護給付	◎地域密着型サービス ・定期巡回・随時対応型訪問介護看護 ・夜間対応型訪問介護 ・地域密着型通所介護 ・認知症対応型通所介護 ・小規模多機能型居宅介護 ・看護小規模多機能型居宅介護（複合型サービス） ・認知症対応型共同生活介護（グループホーム） ・地域密着型特定施設入居者生活介護 ・地域密着型介護老人福祉施設入所者生活介護 ◎居宅介護支援	◎居宅サービス ・訪問介護（ホームヘルプサービス） ・訪問入浴介護 ・訪問看護 ・訪問リハビリテーション ・居宅療養管理指導 ・通所介護（デイサービス） ・通所リハビリテーション ・短期入所生活介護（ショートステイ） ・短期入所療養介護（ショートステイ） ・特定施設入居者生活介護 ・福祉用具貸与 ・特定福祉用具販売 ◎施設サービス ・介護老人福祉施設 ・介護老人保健施設 ・介護医療院 ・介護療養型医療施設（2024（平成36）年3月31日に廃止）

ポイント

- 介護給付の対象者は、要介護認定（要介護状態（要介護1から5までの5段階のいずれか）の認定）を受けた人です。

予防給付

予防給付は、保険者である市町村から、要支援状態と認定された人が利用できるサービスです（**表4-5**）。**要支援状態**とは、おおむね6か月にわたり継続して常時介護を要する状態の軽減もしくは悪化の防止のための支援を要すると見こまれる状態、または日常生活を営むのに支障があると見こまれる状態です。

なお、要支援者に対する訪問介護は、予防給付からではなく、保険給付とは別建ての事業である**地域支援事業**のうち、**介護予防・日常生活支援総合事業**の訪問型サービスとして行われます。

表4-5　予防給付の種類と内容

	市町村が指定を行うもの	都道府県・政令指定都市・中核市が指定を行うもの
予防給付	◎地域密着型介護予防サービス ・介護予防認知症対応型通所介護 ・介護予防小規模多機能型居宅介護 ・介護予防認知症対応型共同生活介護 ◎介護予防支援	◎介護予防サービス ・介護予防訪問入浴介護 ・介護予防訪問看護 ・介護予防訪問リハビリテーション ・介護予防居宅療養管理指導 ・介護予防通所リハビリテーション ・介護予防短期入所生活介護 ・介護予防短期入所療養介護 ・介護予防特定施設入居者生活介護 ・介護予防福祉用具貸与 ・特定介護予防福祉用具販売

ポイント

- 予防給付の対象者は、要支援認定（要支援状態（要支援1または2のいずれか）の認定）を受けた人です。
- 要支援者に対する訪問介護は、介護予防・日常生活支援総合事業の訪問型サービスとして行われます。

要介護認定・要支援認定

　介護保険サービスを利用する場合は、**要介護認定・要支援認定**（以下、要介護認定等）を受ける必要があります。要介護認定等の流れは**図4-5**のとおりです。

　要介護認定等は、申請日から原則30日以内に行われます。結果は市町村から被保険者に通知され、認定された要介護状態区分・要支援状態区分（以下、要介護状態区分等）が記載された被保険者証が届きます。

　要介護認定等を受けた人は、要介護状態区分等に応じて介護給付または予防給付のサービスを利用できます。

図4-5　要介護認定等の流れ

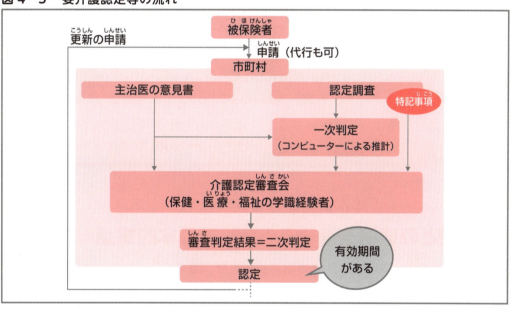

出典：黒澤貞夫・石橋真二・是枝祥子・上原千寿子・白井孝子編『介護職員初任者研修テキスト【第1巻】介護のしごとの基礎 第2版』中央法規出版、p.139、2018年

ポイント

- 介護保険サービスを利用するためには、要介護認定等を受ける必要があります。
- 要介護認定等は、申請日から原則として30日以内に行われます。

第2節 介護と医療の連携

1 介護と医療の連携を学ぶ意味

　居宅で介護サービスを利用する人のなかには、経管栄養や在宅酸素療法などの医療的ケアが必要な高齢者や、骨折や脳血管疾患の後遺症による麻痺などで**リハビリテーション**を必要とする高齢者も少なくありません。

　そうした高齢者を支援するためには、生活を支える介護職と、健康を支える医療職の連携が必要になります。

　医療との連携において、介護職は連携する専門職について理解を深めることが必要です。そして、利用者の生活にもっとも密着している専門職として、利用者の状態の変化に気づき、すみやかに医療職につなげられることが期待されています。

　そのためには、まず、利用者が居宅において利用するおもな医療サービスとして、訪問看護、訪問リハビリテーション・通所リハビリテーションについての理解が求められます。

2 医療との連携を進めるうえでの基本的視点

　医療との連携を進めるうえでの基本的視点は、**表4－6**のとおりです。

表4－6　医療との連携を進めるうえでの基本的視点

① 医療職でないと行ってはならない行為を理解したうえで援助する。
② 介護職は病状を判断してはならないが、利用者の生活にもっとも密着している専門職として、利用者の状態の変化に気づき、すみやかに医療職につなげられるように援助する。
③ 連携する専門職について理解を深め、利用者を中心としたチームケアがとどこおりなく進むように援助する。
④ 障害の軽減と潜在能力の活用、ADL（日常生活動作）やそれにともなうQOL（生活の質）▶▶の向上を実現できるようにリハビリテーションの視点をもって援助する。

3 利用者にとっての介護と医療の連携

　2000（平成12）年には介護保険制度が開始され、介護保険で**訪問看護**を利用できるようになりました。さらに、喀痰吸引等研修を修了することによって、訪問介護員（ホームヘルパー）も一定の条件のもとに喀痰吸引等を行えるようになったことで、医療・介護のさまざまなサービスを活用して、家族の介護負担の軽減ができるようになりました。

　利用者が訪問看護と訪問介護を利用している場合、訪問看護を提供する看護職と訪問介護を提供する介護職とのあいだで連携がとれていないと、どのようなことが起こるでしょうか。たとえば、看護職が利用者の便秘の改善をめざしてケアしている場合、看護職と介護職のあいだで介護上の注意点が共有できていないと、介護職は利用者の便秘の改善に有効な調理の援助を行うことができないかもしれません。

　このように、利用者にとっては、介護と医療の連携が適切にとられているかどうかは、自身の健康にとって非常に重要な意味をもちます。

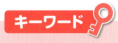

訪問看護 ▶p.92／**リハビリテーション** ▶p.94

QOL（生活の質） ▶▶第2章第1節「QOL（生活の質）」参照

訪問看護

訪問看護とは、看護師などが医師の指示書をもとに利用者の居宅を訪問し、病状の観察などの診療の補助のほか、療養上の世話を行うサービスです。

訪問看護は、病院または診療所および訪問看護ステーションからサービスが提供されます。

訪問看護のサービスを提供する専門職は、看護職員（看護師、保健師、准看護師）、理学療法士、作業療法士、言語聴覚士です。

訪問看護は、医療保険と介護保険の両方に位置づけられていますが、要介護者・要支援者については、原則として介護保険からの給付が優先されます。

図4-6 介護保険制度における訪問看護の流れ

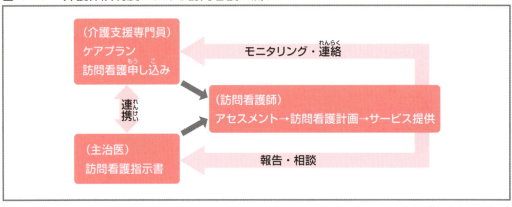

出典：黒澤貞夫・石橋真二・是枝祥子・上原千寿子・白井孝子編『介護職員初任者研修テキスト【第1巻】介護のしごとの基礎 第2版』中央法規出版、p.162、2018年

表4-7　訪問看護で提供されるサービスの内容

- 病状や健康状態の管理：バイタルサインのチェック、病状の観察や助言
- 日常生活の看護：食事や排泄の管理と援助、清潔保持、服薬管理
- 医療処置：褥瘡など皮膚の処置、カテーテル管理や在宅酸素療法の管理など
- ターミナルケア（終末期の看護）：痛みのコントロール、看取り体制へのアドバイス
- リハビリテーション：安楽な体位の助言や日常生活動作の訓練など
- 家族の相談や支援：介護方法の助言や介護者の相談に応じる
- 精神的な看護：不安や落ち込みのケア、リラックス法、生活リズムの調整など
- 認知症の看護：認知症に関する看護や相談支援、コミュニケーションの援助
- 社会資源の活用：保健・医療・福祉制度の紹介やサービス提供機関との調整
- 療養環境の整備：福祉用具や住宅改修のアドバイス
- 退院支援：入院先の医師や看護師と連携して退院準備・指導

出典：黒澤貞夫・石橋真二・是枝祥子・上原千寿子・白井孝子編『介護職員初任者研修テキスト【第1巻】介護のしごとの基礎 第2版』中央法規出版、p.160、2018年

バイタルサインのチェック

ポイント

- 訪問看護とは、看護師などが利用者の居宅を訪問し、診療の補助のほか、療養上の世話を行うサービスです。
- 訪問看護を利用したいときは、主治医などに相談しましょう。

リハビリテーション

　リハビリテーションの語源は、ラテン語の「re（再び）」＋「habilitare（適合させる）」であり、すなわち「能力を回復する」「ふさわしい状態に再びなる」という意味になります。

　日本においてリハビリテーションとは、障害のある人などが社会において再び生活できるようにする、自立できるようにすることを意味し、単に身体の機能的な回復のみを意味するものではありません。

リハビリテーション医療と自立

　リハビリテーションの目的は、障害のある人などが社会において再び生活できるようにすることです。そのうちリハビリテーション医療では、ADLの自立を図ることが目的となります。

　自立のためには、筋力を回復させたり、関節の状態をよくしたりという身体機能の改善と、残存機能を活用してADLを再び自分で行えるようになることをめざします。

　ADLはさまざまな動作から成り立つため、リハビリテーション医療にはさまざまな職種が関係する必要があります。このため、1人の患者に対して多くのスタッフがチームになってかかわります。

リハビリテーション医療と介護の連携

　介護保険制度においては、居宅で生活する要介護者にリハビリテーションを提供するサービスとして、**訪問リハビリテーション**と**通所リハビリテーション**が位置づけられています。

　病院などの医療の場でADLの自立がはかられたとしても、居宅に戻ってから同じ力が発揮できるとは限りません。このため、不足する分を家族や介護職とともにおぎなう必要があるのです。

　このとき、介護職とリハビリテーション専門職が連携をとることが、非常に重要

になります。たとえば、連携がうまくとれておらず、必要以上に介護している場合、利用者の自立の芽を摘むことになってしまいます。

介護保険制度で提供されるリハビリテーションサービス

訪問リハビリテーション

訪問リハビリテーションは、理学療法士、作業療法士、言語聴覚士などのリハビリテーション専門職が、利用者の居宅を訪問し、廃用症候群の予防、生活の場での機能訓練、ADLの改善、住環境の整備に関する助言などを行うものです。

病院の入院中や介護老人保健施設などへの入所中よりも、生活環境に密着しているので、よりきめ細かなリハビリテーションが行えます。

理学療法士は機能訓練、作業療法士はADLの改善や住環境の整備に関する助言など、言語聴覚士は言葉や嚥下などの機能訓練を行います。

通所リハビリテーション

通所リハビリテーションは、居宅で生活する要介護者のうち、病状が安定しており、リハビリテーションの必要性が高い利用者に対して、通所でサービスを提供するものです。

訪問リハビリテーションと違い、病院や診療所、介護老人保健施設等に通うため、ほかの利用者とのかかわりも生まれ、リハビリテーションとあわせて社会参加をうながすことにもなります。

> **ポイント**
> - 居宅のリハビリテーションにおいては、介護職とリハビリテーションの専門職との連携が大事です。
> - 介護保険制度には、訪問リハビリテーションと通所リハビリテーションがあります。

第3節 障害者福祉制度の基本とその他の制度

1 障害者福祉制度を学ぶ意味

　障害者総合支援法（障害者の日常生活及び社会生活を総合的に支援するための法律）の障害福祉サービスを利用していた障害者が、介護保険サービスの対象者となった場合（たとえば65歳となり介護保険の第1号被保険者となった場合など）には、介護保険サービスを優先して利用することになります（介護保険サービスにはないサービスについては、障害福祉サービスを利用することになります）。

　そのため、介護職がほかのサービスの担当者と連携して利用者を支援していくためには、障害者福祉制度についても理解している必要があります。

　また、2018（平成30）年度から、一部の障害福祉サービスと一部の介護保険サービスにおいては、双方の指定を受けることができる共生型サービスが制度化されました。たとえば介護保険法の指定を受けている訪問介護事業所は、一定の基準を満たせば、障害者総合支援法の居宅介護や重度訪問介護の指定を受けることができます。そのため、介護保険サービスの事業所で働く介護職には、ますます障害者福祉制度についての理解が求められているといえます。

2 仕事を進めるうえでの基本的視点

　仕事を進めるうえでの基本的視点は、**表4-8**のとおりです。とくに、知的障害や精神障害などで判断能力の低下している人の**個人の権利を守る制度**では、日常生活自立支援事業、成年後見制度、障害者虐待防止法（障害者虐待の防止、障害者の養護者に対する支援等に関する法律）などに関する理解が求められます。

表4-8　仕事を進めるうえでの基本的視点

① **障害者福祉制度の理念**を理解する。
② 障害の特性▶▶を理解する。
③ 新たにつくられた共生型サービスのしくみを理解する。
④ 利用者個人の権利を守る制度を理解する。

3 利用者にとっての障害者福祉制度

　障害者福祉制度を利用してきた障害者が65歳を迎えるにあたって、介護保険制度にきりかわる際に不安をかかえる人や、どうすればよいのかわからない人から相談されることがあるかもしれません。また、介護保険サービスを利用している高齢者で、障害を負ったことにより、障害者福祉制度のサービスを利用するにあたって相談されることがあるかもしれません。利用者にとって、障害者福祉制度と介護保険制度のしくみはわかりにくい部分があります。利用者の生活にもっとも近い場所で援助を行う介護職は、このような相談にも適切な助言ができるよう、介護保険制度のしくみとあわせて障害者福祉制度のしくみを理解しましょう。

障害者福祉制度の理念 ▶p.98／障害者総合支援法 ▶p.99／個人の権利を守る制度 ▶p.103

障害の特性 ▶▶第7章第1節参照

障害者福祉制度の理念

障害とは何か

「障害とは何か」という定義は、必ずしも定まっているとはいえません。そこで、法律のなかでどのように障害がとらえられているかをみてみます。

「障害者」については、**障害者基本法**において**表4-9**のように定義されています。そのうえで、「身体障害者」については身体障害者福祉法で、「精神障害者」については精神保健福祉法（精神保健及び精神障害者福祉に関する法律）で、「発達障害者」については発達障害者支援法で定義されています。なお、「知的障害者」については知的障害者福祉法などの法律上では定義されていません。また、「障害児」については児童福祉法で定義されています。

表4-9　障害者基本法（第2条第1項）における「障害者」の定義

身体障害、知的障害、精神障害（発達障害を含む。）その他の心身の機能の障害がある者であって、障害及び社会的障壁により継続的に日常生活又は社会生活に相当な制限を受ける状態にあるものをいう。

ノーマライゼーション

ノーマライゼーション▶▶の考え方は、障害者福祉の基本となる大切な理念で、障害者基本法においてもその思想はしっかりと受け継がれています。

ポイント

- 障害者基本法において「障害者」が定義されています。
- ノーマライゼーションは、障害者福祉制度の基本となる理念です。

ノーマライゼーション　▶▶第2章第1節「ノーマライゼーション」参照

障害者総合支援法

　障害者もしくは障害児（以下、障害者等）が利用する障害福祉サービスを定めているのが、**障害者総合支援法**です。対象となる障害者等には、難病のある人も含まれています。

サービスの種類と内容

　障害者総合支援法のサービスは、**自立支援給付**と**地域生活支援事業**の大きく２つに分類されます（図４-７）。

図４-７　障害者総合支援法のサービス体系

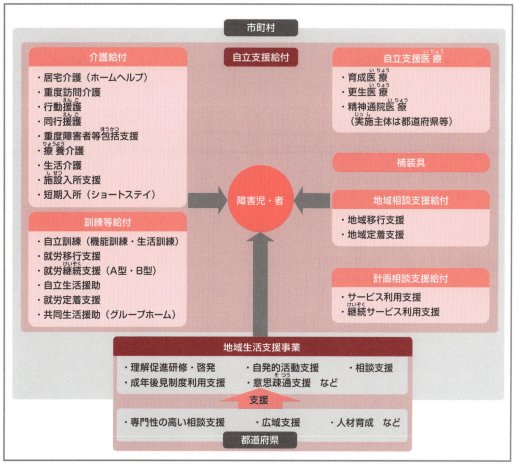

出典：厚生労働省「障害者総合支援法の給付・事業」を一部改変

自立支援給付は、サービスを必要とする者に対して、全国各地で格差を生むことなく均質に提供することを目的としています。このため、国がサービスの内容や提供に関する基準を細かく定めています。

　地域生活支援事業は、各地域の特性をいかしたサービスを柔軟（じゅうなん）に提供することを目的としているため、運用は各地方自治体にゆだねられています。

自立支援給付

　自立支援給付として、介護給付、訓練等給付、補装具、自立支援医療（いりょう）、地域相談支援給付、計画相談支援給付の各種サービスが制度化されています。サービスの中心となるのは、介護給付と訓練等給付です。

介護給付

　介護給付とは介護にかかる個別給付です（**表4-10**）。訪問系サービスを中心に介護が必要な障害者等に対するサービスですが、障害の特性に応じて介護保険制度より多様なサービスが制度化されています。

　また、訓練等給付も含めた日中系サービスと居住系サービスを、自由に組み合わせることが可能です。

訓練等給付

　訓練等給付には、共同生活援助（グループホーム）も含めた、6種類のサービスが位置づけられています（**表4-11**）。自立訓練や就労移行支援など、障害者の自立をうながすサービスが中心となっています。

表4-10　介護給付費が支給されるサービス

区分	サービス名称	内容
訪問系	居宅介護 （ホームヘルプ）	自宅で、入浴、排泄、食事の介護等を行う。
訪問系	重度訪問介護	重度の肢体不自由や、重度の知的障害または精神障害により行動にいちじるしい困難があり、常に介護を必要とする人に、自宅で、入浴、排泄、食事の介護、外出時における移動支援などを総合的に行う。また、医療機関への入院時において一定の支援を行う。
訪問系	行動援護	知的障害または精神障害によって自己判断能力が制限されており、常時介護を必要とする人が行動するとき、危険を回避するために必要な支援、外出支援を行う。
訪問系	同行援護	視覚障害により、移動にいちじるしい困難を有する人に、移動時およびそれに伴う外出先において必要な視覚的情報の支援、移動の援護、排泄・食事等の介護その他外出する際に必要となる援助を行う。
訪問系	重度障害者等包括支援	介護の必要性がとても高い人に、居宅介護等複数のサービスを包括的に行う。
日中系	療養介護	医療と常時介護を必要とする人に、昼間、医療機関で機能訓練、療養上の管理、看護、介護および日常生活の世話を行う。
日中系	生活介護	常時介護を必要とする人に、昼間、入浴、排泄、食事の介護等を行うとともに、創作的活動または生産活動の機会を提供する。
居住系	施設入所支援	施設に入所する人に、夜間や休日、入浴、排泄、食事の介護等を行う。
その他	短期入所 （ショートステイ）	自宅で介護する人が病気の場合などに、短期間、夜間も含め施設で、入浴、排泄、食事の介護等を行う。

資料：厚生労働省パンフレットをもとに作成
出典：介護福祉士養成講座編集委員会編『新・介護福祉士養成講座2　社会と制度の理解　第6版』中央法規出版、p.248、2017年を一部改変

表4-11 訓練等給付費が支給されるサービス

区分	サービス名称	内容
日中系	自立訓練 (機能訓練・生活訓練)	自立した日常生活または社会生活ができるよう、一定期間、身体機能または生活能力の向上のために必要な訓練等を行う。
日中系	就労移行支援	就労を希望する障害者に、一定期間、就労に必要な知識および能力の向上のために必要な訓練等を行う。
日中系	就労継続支援 (A型・B型)	一般企業等での就労が困難な障害者に、働く場の提供等をするとともに、知識および能力の向上のために必要な訓練等を行う。
日中系	就労定着支援	通常の事業所に新たに雇用された障害者に、一定期間、就労の継続を図るために必要な事業主、障害福祉サービス事業を行う者、医療機関などとの連絡調整等を行う。
居住系	共同生活援助 (グループホーム)	夜間や休日、共同生活を行う住居において、相談や日常生活上の援助を行う。2014(平成26)年4月より共同生活介護(ケアホーム)と統合された。
その他	自立生活援助	施設入所支援やグループホームを利用していた障害者が居宅で自立した日常生活を営むために、一定期間、定期的な巡回訪問等により、情報提供・助言等の援助を行う。

資料：厚生労働省パンフレットをもとに作成
出典：介護福祉士養成講座編集委員会編『新・介護福祉士養成講座2 社会と制度の理解 第6版』中央法規出版、p.249、2017年を一部改変

ポイント

- 障害者等が利用する障害福祉サービスを定めているのが、障害者総合支援法です。
- 中心となるサービスは、介護給付と訓練等給付です。

個人の権利を守る制度

　個人の権利を守る制度には、日常生活自立支援事業、成年後見制度、障害者虐待防止法▶▶などがあります。

日常生活自立支援事業

　日常生活自立支援事業は、認知症高齢者、知的障害者、精神障害者などのうち、判断能力が不十分な人が、地域で自立した生活が送れるよう、福祉サービスの利用援助や苦情解決制度の利用援助、日常的金銭管理の援助などを行うものです。

成年後見制度

　成年後見制度は、判断能力の不十分な成年者（認知症高齢者、知的障害者、精神障害者など）の権利を擁護するための制度です。制度は、**法定後見制度**と**任意後見制度**に分かれています。

　法定後見制度は、すでに判断能力が不十分な状態となっている人を対象とし、家庭裁判所によって成年後見人等が選任されます。

　任意後見制度は、将来判断能力が不十分な状態となる場合にそなえて、本人に十分な判断能力があるうちに、任意後見人をみずからが選んでおくものです。

　成年後見人等や任意後見人の仕事は、**財産管理**と**身上監護**です。身上監護については、本人に代わって福祉サービスの利用契約を結ぶなどの法律行為によるものを対象とし、直接本人の介護や生活援助を行うことは対象となりません。

> **ポイント**
> ● 個人の権利を守る制度として、日常生活自立支援事業、成年後見制度、障害者虐待防止法などがあります。

障害者虐待防止法　▶▶第2章第1節「虐待防止・身体拘束の禁止」参照

第 **5** 章

コミュニケーションの方法
（介護におけるコミュニケーション技術）

ねらい

高齢者や障害者のコミュニケーション能力は一人ひとり異なることと、その違いを認識してコミュニケーションを取ることが専門職に求められていることを認識し、生活援助中心型サービスの職務に従事する者として最低限の取るべき（取るべきでない）行動例を理解する。

第1節 コミュニケーションの基本

1 コミュニケーションを学ぶ意味

　人は**コミュニケーション**を通じてほかの人とかかわり合っています。コミュニケーションには、情報を伝達する機能はもちろんのこと、人間同士が互いに理解を深めるという機能もあります。

　介護職と利用者は、援助関係のなかでコミュニケーションを行います。介護を必要とする高齢者や障害のある人の多くは、何らかのコミュニケーション障害があり、自分の意思や要求を相手に伝えることが困難になっています。そのため、コミュニケーション技術を用いて、「何をしたいか」「どのように感じているのか」という利用者の思いを把握することは、介護職が介護を行ううえで不可欠なのです。

　介護職は利用者の尊厳を守り、自立支援をうながすためにも、**利用者・家族とのコミュニケーション**の基本や**利用者の状態に応じたコミュニケーション**を学ぶ必要があります。

2 仕事を進めるうえでの基本的視点

　介護の仕事を行う際のコミュニケーションの目的は、**表5-1**のとおりです。その目的を達成するための効果的なコミュニケーションのポイントとして、**表5-2**があります。

表5-1　介護の仕事を行う際のコミュニケーションの目的

① 利用者との信頼関係を築く。
② 利用者主体の支援を行う。
③ 利用者の生活を把握する。
④ 関係する他職種と連携する。

表5-2 効果的なコミュニケーションのポイント

① 双方向(そうほうこう)のコミュニケーションを意識する。
② 身体・心理・社会性などさまざまな角度からのかかわりを意識する。
③ **言語的コミュニケーション**だけでなく、態度や表情などの**非言語的コミュニケーション**も用いる。
④ **傾聴(けいちょう)**や**共感**、**受容**などの基本的な技術を用いる。

3 利用者にとってのコミュニケーション

　利用者は生活のなかに多くの困難と不自由さをかかえています。そのため、利用者は、意欲が低下していたり、孤独(こどく)を感じていることがあります。介護職は、そのサインに気づくことが重要です。また、利用者は自分の本当の気持ちを語らない可能性があるので、傾聴(けいちょう)や共感を用いて利用者の思いを引き出すことが大切です。

　このようなコミュニケーションにより信頼(しんらい)関係を築くことで、利用者のQOL（生活の質）▶▶が向上するように支援しましょう。

キーワード

コミュニケーション▶p.108／言語的コミュニケーション▶p.109／非言語的コミュニケーション▶p.110／傾聴(けいちょう)▶p.113／共感▶p.115／受容▶p.116／利用者・家族とのコミュニケーション▶p.117／利用者の状態に応じたコミュニケーション▶p.119

QOL（生活の質）　▶▶第2章第1節「QOL（生活の質）」参照

コミュニケーション

コミュニケーションは、**意思疎通や情報の伝達**という役割をもちます。

それと同時に、人と人がこころを通わせ、お互いの理解を深め合うために必要な行為です。コミュニケーションを通して利用者との信頼関係を築くためには、態度や姿勢にも配慮が必要です。

コミュニケーションはキャッチボール

コミュニケーションは送り手と受け手の両方の役割が必要です。

「取ったら返す」のようなキャッチボールのイメージです。

コミュニケーションの基本姿勢

「利用者の目線に合わせる」か「利用者より低い位置でコミュニケーションをする」ことが大切です。

利用者の許可をえて、いすに座って話をするのもよい対応です。

ポイント

- コミュニケーションは一方通行ではなく、キャッチボールのイメージで行うことが大切です。
- 利用者との信頼関係を築くためには、相手が話したくなる態度、姿勢でコミュニケーションをすることも大切です。

言語的コミュニケーション

　言語的コミュニケーションは、話し言葉や書き言葉などの言語を使って相手と会話することをいいます。手話も言語的コミュニケーションに含まれます（図5-1）。言語的コミュニケーションで大切なことは、「何を伝えたか」ではなく、「どのように伝わったか」です。そのためにも、伝える情報をはっきりと具体的にし、わかりやすいコミュニケーションを心がけましょう。

図5-1　聴覚障害のある人とのコミュニケーション

手　話　　　　　　　　　筆　談

事例 言語的コミュニケーションを用いた利用者の情報の伝達

【よい例】

介護職
　Aさんは今日の昼食では、ご飯を茶碗半分と、おかずを二口ずつしか食べられませんでした。

【悪い例】

介護職
　Aさんは昼食をほとんど食べられませんでした。

ポイント

- 言語的コミュニケーションは、相手が理解できるように情報をはっきりと具体的にし、わかりやすく伝えることが大切です。

非言語的コミュニケーション

非言語的コミュニケーションは、「身振り」「姿勢」「表情」「声の調子」「相手との距離」「からだの接触」などの情報を用いて、相手の気持ちを「目で見る」「耳で聞く」「からだで感じる」という、人間の五感を多用したコミュニケーション方法です。

身振り

身振りには、ジェスチャーやサインジェスチャーなどがあります。

OKサイン　　　わからない

姿勢

話を聴くときの**姿勢**によって、相手にさまざまな印象を与えます。からだを前に乗り出すと、関心があるというサインになります。腕組みは拒否されているという印象や、上から目線の印象を与えることもあります。頻繁な姿勢変更やあくびなどは、退屈であるという印象を与えます。

腕組み　　　あくび

表情

　喜怒哀楽などの**表情**は、直接的に感情を伝える重要なコミュニケーション方法です。利用者の話の内容に合った表情で話をすることが大切です。

事例 利用者が「娘の家に泊まりに行く」とうれしそうに言ってきた際に対応する介護職の表情

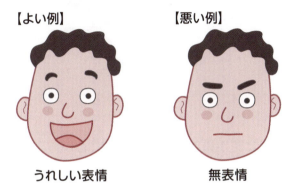

事例 利用者の夫が亡くなったときのつらい思い出を話してきた際に対応する介護職の表情

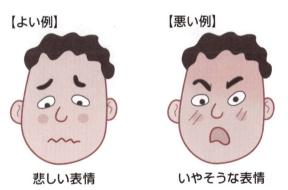

声の調子

　こころから謝るときと、とてもうれしいときでは**声の調子**は違います。その場面にあった声の調子で話をすることが大切です。

相手との距離

コミュニケーションでは適度に**相手との距離**をとることが大切です。初対面では特に相手のパーソナルスペース▶▶に入らない位置での声かけが大切です。

からだの接触

過度な**からだの接触**は相手に不快感を与えることがあります。よかれと思って行っていることでも相手はいやがっている場合もあります。

ポイント

- 言語的コミュニケーションよりも非言語的コミュニケーションのほうが、相手に多くのさまざまな情報が伝わります。利用者と信頼関係を築くために、適切な非言語的コミュニケーションを使ってください。

パーソナルスペース ▶▶ 相手が手を伸ばして届く範囲のスペースのこと。

傾聴

　傾聴とは、相手が伝えようとしていることをしっかりと受けとめることです。相手に注意を向け、相手が伝えようとしていることに耳とこころを傾けて聴くことが大切です（**表5-3**）。介護職は、「聴くこと」を意識してコミュニケーションをすることが大切です。

表5-3　聞くと聴くの違い

聞く	音・声を耳に受ける。耳に感じとる。
聴く	注意して耳にとどめる。耳を傾ける。

事例　聴く態度

【よい例】

　「聴くこと」を意識し、こころから相手の話を聴いているという態度が必要です。聴く態度は相手に伝わるので、しっかり聴くことで利用者の安心につながり、信頼関係を築くことができます。

【悪い例】

　利用者の話を聴く際に、腕を組む、肘をつく、ため息をつくなどの態度は相手を不快にするため、相手の話す意欲をなくしてしまう聞き方です。

事例 訪問介護の利用を始めたばかりの利用者の話を聴く介護職の対応

Bさん：私は子どもが4人もおって、みんないいところに就職して、立派に育てたつもりでした。それでも結局はだれも私をみてくれる者はおりません。

介護職：それは悲しい思いをされているのですね。要介護認定も受けたばかりで、そんな気持ちにもなりますよね。

 事例 仲のよかった友人が亡くなり、さびしい思いを聴く介護職の対応

Cさん：Dさんとは長いこと仲よくしていました。楽しい思い出もたくさんあります。それでも昨日までいっしょに食事をしたり、話をしよった人が急におらんようになるのはこころに穴が開いたようでさびしいもんですね。今日は食事も喉(のど)を通りません。

介護職：そうですよね。私もDさんのことを思うとさびしいですよ。お2人は仲がよかったし、それが急に1人になったら、こころに穴が開いた気持ちにもなりますよね。

- 利用者の話を聴く際は、相手が聞いてくれているとわかるように、「聴(き)くこと」が大切です。
- 聴く態度によっては、信頼(しんらい)関係をうまく築けないことがあるため、こころから相手の話を聴(き)いているという態度が必要です。

共感

　共感は、利用者とのコミュニケーションにおいて欠かせない技法です。共感は同情とは異なります。同情は、自分の価値観から推測した相手の気持ちですが、共感は、積極的に相手の思いを共有することです（**表5-4、表5-5**）。

表5-4　同情の例、共感の例

同情	「ご主人が亡くなられてお気の毒に」
共感	「ご主人が亡くなられてさびしいですよね」

表5-5　共感の要点

① 利用者に寄り添い、利用者の内側からみた思いや感情を理解する。
② 伝わった利用者の思いを、自分自身の言葉と表情などを通して、利用者に伝える。

事例 利用者の話を聴く介護職の対応

Eさん：息子も嫁も私によく会いに来てくれます。

介護職：本当に息子さんもお嫁さんもよく来られますよね……。Eさん、うれしいですよね。

Eさん：本当にうれしいですよ。孫も大きくなって今年は大学受験です。

介護職：昔は小さかったお孫さんも、もう大学を受験されるようになってEさんのご自慢ですね。

ポイント
- 共感は、利用者と信頼関係を築くための技法です。
- 信頼関係があってこそ、利用者との関係を進展させることができます。

受容

受容は、相手のありのままを受け入れることです。受け入れてもらえているという信頼感をえることで、コミュニケーションはよりよいものになります。

事例 認知症のある利用者の話を聴く介護職の対応

【よい例】

Fさん：食事の準備をしないといけないので、今日はこれで帰らせてもらいます。

介護職：そうですか。Fさん、今日の夕食は何にするんですか？

Fさん：今日はカレーにしようと思ってます。

介護職：カレーですか。いいですね。Fさんは料理をつくるのがお好きなんですね。私もぜひFさんのカレーが食べてみたいです。

【悪い例】

Fさん：食事の準備をしないといけないので、今日はこれで帰らせてもらいます。

介護職：Fさんが食事の準備をしなくても大丈夫です。Fさんの家はここで、Fさんの食事はちゃんと私が準備しますよ。

ポイント

- 相手がどのような状態であろうと、ありのままを受け入れかかわる姿勢をもつことが大切です。

利用者・家族とのコミュニケーション

利用者とのコミュニケーション

利用者とのコミュニケーションでは、**表5-6**の3つのポイントが大切です。

表5-6 利用者とのコミュニケーションのポイント

① 自分の名前を名乗り、相手の名前を呼ぶ（名前は名字で呼ぶことが基本）。
② これから行うことを説明し、同意をえる。
③ 利用者が選択できるような声かけを行う。

事例 利用者とのコミュニケーションのポイント①

吉岡です。
Hさん。今日の体調はいかがですか？

 今日は気分がいいわ。いつもありがとうね。
Hさん

事例 利用者とのコミュニケーションのポイント②

Hさん。お風呂がわいたのでお風呂にいきませんか？
介護職

 あらそう。それじゃ今から行こうかしら。
Hさん

事例 利用者とのコミュニケーションのポイント③

Hさん。お風呂から上がってからの着替えはどれにしますか？
介護職

 そうだね。今日は寒いから長袖にしようかしら。
Hさん

家族とのコミュニケーション

家族とのコミュニケーションでは、表5-7の2つのポイントが大切です。

表5-7　家族とのコミュニケーションのポイント

① 介護職は利用者の家族に積極的に声をかけ、利用者の日ごろのようすなど、前向きな話を多く伝える。
② 日ごろから在宅介護をしている家族もいる。家族の日ごろたまった思いやストレスなどをしっかりと聴く。

事例 家族とのコミュニケーションのポイント

介護職

> 昨日からJさんは、「明日は娘と孫が来る」ととてもうれしそうにしておられましたよ。
> 最近はからだの調子もとてもよく、いつも笑顔で私たち職員のことも気づかってくださり、本当にうれしいです。
> 時間があればまた来てくださいね。

ポイント

- 利用者の本当の気持ちや意向を確認し、利用者の気持ちや思いをくみとるためのコミュニケーションが大切です。
- 介護職がわかっていても、利用者本人が何をするのかがわかっていなければ不安を感じます。利用者にわかるまで、しっかり説明して同意をえてから行動に移すことが大切です。
- 利用者の家族のおかれた立場や環境（在宅で介護をしている家族など）を理解し、コミュニケーションをすることが大切です。

利用者の状態に応じたコミュニケーション

障害の特性を理解し、その人にとっての生活の不便さを考えてコミュニケーションをするようにしましょう。

視覚障害

視覚障害のある人は、視覚を通じてその場の雰囲気や相手の表情を確認できないために、会話に消極的になりがちです。言葉で細かく説明したり、触ってもらったりしてコミュニケーションをすることが大切です。

事例　視覚障害のある人とのコミュニケーション

【よい例】
Kさん、今日はピンク色の長袖サマーセーターと白いレースの半袖ブラウスを準備しました。どちらにしましょうか。

【悪い例】
Kさん、今日の着替えは夏らしい服でどうですか。

聴覚障害

　聴覚障害のある人は、対人関係を避けひきこもりがちになることがあります。孤立感を深めて精神的に追いこまれていく場合があることを理解して、コミュニケーションを行うことが大切です。聴覚障害のある人と会話をする際には、位置関係に注意することもとても重要です。

　聴覚障害のある人とのコミュニケーション方法は、**図5-2**のとおりです。

　特に高齢になってからの聴覚障害では、**手話や指文字**などを覚えることはむずかしいため、すぐに使える**筆談**などが有効なコミュニケーション方法となります。

事例　聴覚障害のある人と会話をする際の位置関係

【よい例】

利用者

> 顔や口元がよく見える位置で、はっきりとゆっくり話してもらえると聞き取りやすいです。

【悪い例】

利用者

> 顔や口元がよく見えない位置だと、
> 「自分の悪口を話しているのかしら……」
> と思ってしまうこともあります。

図 5-2　聴覚障害のある人とのコミュニケーション方法

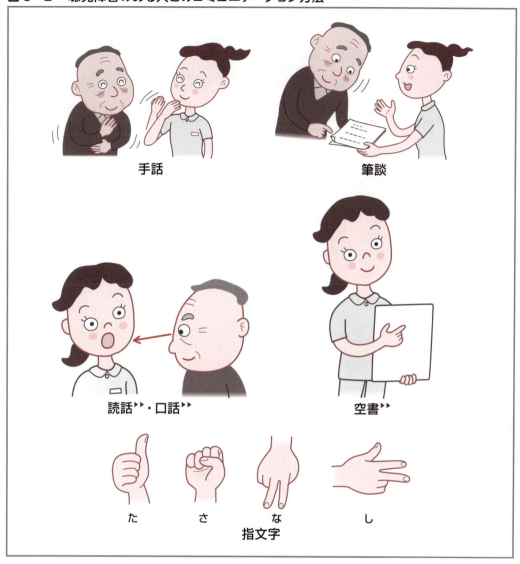

読話 ▶▶ 相手の口の動きを見て読み取ること。
口話 ▶▶ 聴覚障害のある人が、相手の音声言語を読話によって理解し、音声言語によって意思伝達を行うこと。
空書 ▶▶ 空間や手のひら、机の上、壁などに指で文字や図を書いて伝え合う手段のこと。

失語症、構音障害

失語症のある人とのコミュニケーション

　失語症のある人は、「話す、聞く、読む、書く」ことに障害があります。そこで、話しかけるときは、ゆっくりとわかりやすい言葉で話します。また、言葉にしづらい人に対しては、「はい」「いいえ」など**簡単に答えられるような質問**を工夫します。

事例 失語症のある人とのコミュニケーションの例

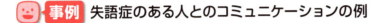
Lさんは昔、裁縫の先生だったんですか？

介護職

Lさん
はい。

構音障害のある人とのコミュニケーション

　構音障害のある人は、「話す、聞く、読む、書く」ことのうち、「話す」ことに障害があります。しかし、話すことはむずかしくても、書くことはできますので、**筆談**などの方法でコミュニケーションをすることはできます。

認知症

　認知症の人とのコミュニケーションでは、相手の気持ちを読み取ることが大切になってきます。ちょっとした表情の変化や発言を見逃さないようにしましょう。

　また、相手の発言を否定したり、行動を無理やり止めたりすると、余計に興奮してしまうことがあります。**傾聴**や**受容**の気持ちを忘れずにかかわることが大切です。

事例 認知症の人とのコミュニケーション

【よい例】

Mさん:　財布がなくなったんです……。

介護職:　それは困りましたね……。
　　　　いっしょに探しましょうか。

【悪い例】

Mさん:　財布がなくなったんです……。

介護職:　Mさん、財布は初めからありませんよ……。

ポイント

● 利用者の状態や障害によってコミュニケーション方法が変わります。しっかりと相手の状態や障害等を把握しておくことが大切です。

第2節 職員同士のコミュニケーション

1 職員同士のコミュニケーションを学ぶ意味

　介護の現場では多くの職員が働いています。訪問介護（ホームヘルプサービス）の場合は、介護職の「1人職場」にみえますが、実際には複数の介護職がかかわり、チームリーダー、サービス提供責任者などと組織のなかで仕事をします。また、利用者の生活支援には、介護職のほかにも医師、看護師、介護支援専門員（ケアマネジャー）▶▶、理学療法士、作業療法士などの多職種がかかわっています。

　このように介護の仕事は1人だけではできません。チームで仕事をするには、職員同士のコミュニケーションの方法を学ぶことが不可欠です。

2 仕事を進めるうえでの基本的視点

　チームのコミュニケーションを進める具体的な方法として、「記録」「報告」「連絡」「相談」「会議」があります（図5-3）。

　とくに「報告」「連絡」「相談」は「ほう・れん・そう」とも呼ばれ、一般の会社でもチームで仕事を進めるための基本としています。

　「ほう・れん・そう」のポイントは5W1H、つまり「だれが（Who）、何を（What）、いつ（When）、どこで（Where）、なぜ（Why）、どのように（How）」です。職員同士でコミュニケーションをする際には、5W1Hを具体的に整理することを意識しましょう。

3 多職種協働におけるコミュニケーションの重要性

　多職種協働を進めるためには、チームのコミュニケーションをなめらかに行う必

介護支援専門員（ケアマネジャー） ▶▶ 第3章第1節「多職種連携」参照

図5-3 チームのコミュニケーションを進める具体的な方法

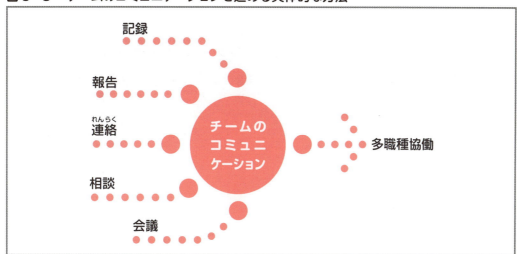

出典:介護福祉士養成講座編集委員会編『新・介護福祉士養成講座5 コミュニケーション技術 第3版』中央法規出版、p.204、2016年

要があり、その手段として、「記録」「報告」「連絡(れんらく)」「相談」「会議」が重要です。

また、それぞれの職種は**情報共有**するときに、連携(れんけい)を意識し、お互(たが)いの役割や専門性を理解することが大切です。

介護職には、利用者のふだんのようすをよく知っているという強みがあります。「ようすがおかしい」「体調が悪そうだ」などの利用者の状態の変化に早めに気づき、報告・連絡(れんらく)することが大切です。

キーワード

記録 ▶ p.126／報告 ▶ p.127／連絡(れんらく) ▶ p.128／相談 ▶ p.129／情報共有 ▶ p.130／会議 ▶ p.131

記録

介護記録は、利用者の日常生活におけるニーズや状況を職員間で共有することなどを目的としています（表5-8）。利用者に対して適切な支援を行っていることの証拠・根拠としても大切です。

表5-8　介護記録の目的

① 利用者のQOL（生活の質）の向上
② よりよい介護サービスの提供
③ 情報共有
④ 適切な支援の証拠・根拠（エビデンス）
⑤ リスクマネジメントの可視化　など

事例　介護記録を書く

10/3 昼食支援	「今日は食欲がない。朝も食べなかったのよ」とうかがう。バイタルを確認したところ、体温36.1℃、血圧138/80mmHgでいつもと変わりはなかったが、食事の献立を変更して、みそ汁に素麺を入れたものとした。食欲が低下していることが気になるため、主治医に診察してもらったほうがよいのではないかとすすめ、サービス提供責任者▶▶に相談後、本人のようすを家族にも連絡をした。

ポイント

- 利用者の状況やようすを、時間の流れにそって記録します。
- 利用者の言葉なども記載すると、適切なアセスメント▶▶にいかされます。
- 対応したことなども記録することで、情報共有に役立ちます。

サービス提供責任者　▶▶　第3章第1節「多職種連携」参照
アセスメント　▶▶　第10章第1節参照

報告

　報告は、頼まれた業務が終わったとき、経過や結果、またはえられた情報を仲間や上司に伝えることです。相手が必要としている情報を提供することは、重要なことです。５Ｗ１Ｈを整理して報告しましょう。

表5-9　報告の種類

通常時	利用者の状況について、経過報告や結果報告を行う。
異常時	利用者の異常（状態の変化）に気づいた場合には、その内容や程度をすみやかに報告して、上司の判断を求める。

表5-10　５Ｗ１Ｈ

Who	だれが	What	何を	When	いつ
Where	どこで	Why	なぜ	How	どのように

事例　サービス提供責任者へ報告する

今日Ｎさんから、どのような生活をされてきたのか、教えていただきました。料理と歌番組が大好きだということがわかりました。今後は、単に食事の援助をするのではなく、Ｎさんの意欲や好みなどを取り入れて主体的に対応できるように支援していきたいと思います。

ポイント

- 報告内容は、見たこと・行動したこと・現在の状況等を整理します。
- 事故やトラブル、苦情などはすぐに報告します。必ず上司に判断をあおぎ、自己判断をしないことが大切です。
- ささいなことでも報告します。

連絡

連絡は、業務の経過や進行状況、えられた情報を職員同士で伝えることです。情報が必要な関係機関などにも連絡をとることで、連携が強くなります。

表5-11 連絡の種類

通常時	職員同士で状況に応じて連絡をとり合うことで、意思疎通をはかり、業務をスムーズに進めることができる。
異常時	職員同士がくいちがいや抜け落ちがないように連絡をとり合うことで、異常の発見もすぐに共有し、対応することができる。

事例 家族からの希望をケアマネジャーに連絡する

Pさんの家族: 認知症がかなり進んでいるようで、薬の管理ができなくなってきたようなの。訪問の回数を増やしてもらって、本人ができるように助けられないかしら?

介護職: わかりました。責任者に相談して、ケアマネジャーに連絡しておきますね。

今日Pさんのご家族から、服薬管理を本人ができるようになるために、訪問回数を増やしてもらえないかと相談がありました。

ポイント
- 連絡内容は、見たこと・行動したこと・現在の状況等を整理します。
- 事故やトラブル、苦情などはすぐに連絡します。

相談

相談は、自分では判断できないときに、助言やヒントをえるためにほかの職員や上司にたずねることです。1人でかかえこんだり、自分勝手な思いこみで仕事を進めないためには、相談して仕事のやり方や支援の方法を確認することが大切です。

表5-12 相談の種類

通常時	専門職として責任をもって仕事をするためには、自分1人で判断せず、ほかの職員や上司に相談する。
異常時	異常を発見した場合は、上司に報告する必要がある。また、報告が必要かどうかの判断がつかない場合は、すぐに相談する。

事例 上司に利用者への対応について相談する

介護職
Qさん、以前は食欲旺盛で、お話もはずんで楽しそうに過ごしていたんだけど……。

介護職
そういえば、食事を残すことが多いね。日時を間違えることもあるし。一度相談しようか。

Qさんのことですが、以前に比べて食事の量が減少しています。会話もかなり減っているようすで、日時を間違えることもあります。今後どのように支援をしていけばよいでしょうか。

ポイント
- いつ、だれに、何を相談すべきか、はっきりさせてから相談します。
- 相談した結果や経過については、相談した相手に必ず報告します。

情報共有

　情報共有とは、利用者の生活にかかわることを職員のあいだで情報として共有することです。ほんのささいなことでも情報共有することで、利用者のQOLの向上にいかされます。

表5-13　情報共有の方法

朝礼・夕礼など	口頭での報告・連絡により、利用者のその日の状態や介護の状況に関する情報を共有する。
申し送りノート	利用者の状態や利用者の家族の情報、連絡事項などをノートに記録し、その場にいない人（翌日の担当者など）と情報を共有する。
申し送りシステム	申し送りノートと同様に、タブレットやスマートフォンなどを使って情報を共有する。

事例 申し送りノートを使って、翌日の担当者と情報を共有する

昨日、Rさんが受診しているね。
介護職

 脱水症状だったんですね。
介護職

水分摂取量の確認を気にしておこう。
介護職

 ポイント

- 共有すべき情報をあらかじめ整理しておきます。
- いつ、どこで、だれと情報共有するのか明確にします。
- 共有した情報は、守秘義務の観点からも管理を厳重にします。

会議

会議は、関係者が時間と場所を決めて集まり、情報を共有するためや、課題について検討し解決方法を決定するために開催するものです。会議の目的には**表5-14**のようなものがあります。会議の種類には**表5-15**のようなものがあります。

表5-14 会議の目的

情報共有	関係者がもち寄る情報を共有する。
認識共有	職員同士で情報のとらえ方をお互いに理解する。
課題検討	課題について前向きに検討し、解決方法を決定する。

表5-15 会議の種類

職場内の会議	職場内での問題を解決するための会議。
サービス担当者会議	ケアマネジャーがケアプラン▶▶を作成するために、利用者とその家族の参加を基本としながら、利用者にかかわる居宅サービス等の担当者などを集めて行う会議。
事例検討会議	利用者の希望や意向をふまえて、よりよいケアについて事例をもとに検討する会議。

ポイント

- 事前に配付される資料があれば、必ず目を通して会議に参加します。
- 質問・意見を言うときは、わかりやすいように要点をしぼります。
- 知りえた情報は、守秘義務の観点からも管理を厳重にします。

ケアプラン ▶▶ 利用者のニーズに合わせた適切な介護保険サービスなどを提供するための計画のこと。

第 **6** 章

老化と認知症の理解
（老化と認知症の理解）

ねらい

・加齢・老化に伴う心身の変化や疾病について、生理的な側面から理解することの重要性に気づき、自らが継続的に学習すべき事項を理解する。
・介護において認知症を理解することの必要性に気づき、認知症ケアの基本を理解する。

第1節 老化によるこころとからだの変化

1 老化によるこころとからだの変化を学ぶ意味

　人は年齢を重ねると、からだの動きがゆっくりになったり、新しいことを覚えるのが苦手になったりと、身体的にも精神的にも機能がおとろえていきます。これを一般的に「老化」といいます。

　老化の進行度合いは、人によりさまざまです。長年送ってきた生活習慣や生活環境によっても大きく異なります。しかし、だれもが、老化によって心身の機能は変化していきます。

　そのため、介護をするうえでは、人の「こころ」と「からだ」のはたらきを学んでおく必要があります。より実践的な介護職となるために、「こころ」と「からだ」のはたらきが老化によりどのように変化するのかをあわせて学んでおきましょう。

2 仕事を進めるうえでの基本的視点

　老化により「こころ」と「からだ」のはたらきがどのように変化するのかを理解していることで、なぜ介護が必要になったのかを考え、今必要な介護が何かを判断できるようになります（**表6-1**）。

表6-1　必要な介護が何かを判断するための視点

① **老化によるこころの変化**を観察する。
② **老化によるからだの変化**を観察する。
③ ①②による、**日常生活の変化**を把握する。
④ 利用者は何ができて、何ができないのか把握する。
⑤ こころとからだが、どのように関連しているのか考える。

3 利用者にとっての老化によるこころとからだの変化

　利用者みずからも、人は年齢を重ねると「こころ」も「からだ」も変化することをきちんと理解しておくことで、これからの人生において、自分らしく生活を送るためには何が必要なのか、そして、自分が望む生活を送るためには、今後どのようにしていけばよいのか、自分の生活習慣や生活環境を見直すきっかけとなり、介護予防につながっていきます。

キーワード

老化によるこころの変化 ▶p.136／老化によるからだの変化 ▶p.138／日常生活の変化 ▶p.140

老化によるこころの変化

　高齢者は、これまでにさまざまな体験をしてきた人生の先輩です。体験のなかには、楽しい体験もあれば、苦しくつらい体験もあります。

　特に高齢期になってからの体験は、さまざまなものを失う体験が多くなります。身近な人や配偶者などとの死別、身体の機能や記憶などを失ってしまうことなどです。こうした体験により、**悲しい気持ちやつらい気持ち**が生まれてきます。このような体験を**喪失体験**といいます。

　また、病気や加齢現象、環境の変化も高齢者のこころに影響を及ぼします。病気になることによってつらい気持ちが生まれたり、気力が低下したりすることがあります。

　現代は1人暮らしの高齢者も多く、**さびしさ**も感じています。介護職は、このような状況の高齢者の気持ちに**共感**▶▶して介護することが重要です。

図6-1　老化によるこころの変化

共感 ▶▶ 第5章第1節「共感」参照

事例　妻を亡くした利用者への支援

Aさん（90歳、男性）は、妻を亡くして数か月がたちました。妻は、Aさんが骨折をして入院しているあいだに心臓病で急に亡くなってしまいました。妻が亡くなったときは気丈にふるまっていましたが、やがて食事をしなくなり、外にも出なくなりました。遠くに住んでいる子どもが心配して介護保険を利用することになり、ようすをみることになりました。Aさんの居宅を訪問した介護職は、そのようなAさんを見て、妻を亡くし、悲しい、つらい思いをしていると感じました。それから介護職は、Aさんの妻との楽しかった日々の話などをして、悲しい、つらい気持ちをやわらげるように心がけたところ、Aさんは少しずつ元気を取り戻しました。

事例　病気を受けとめることができない利用者への支援

Bさん（70歳、女性）は脳卒中で倒れ、自宅で介護保険を利用しています。Bさんは、なぜ私がこんな病気にならなくてはいけないのかと、病気を受けとめることができずにいます。自宅では介護ベッドを利用し、寝起きがスムーズにできるよう工夫されていましたが、病気になってからは気力が低下し、とうとうベッドから起き上がってこなくなりました。そのうち、体重が増え、本当に起き上がることができなくなってしまいました。そこで、Bさんの担当の介護職は、Bさんに何か役割をもってもらおうと、Bさんから食事の味つけの指導を受けることにしました。すると、調理の好きなBさんは少しずつ明るさを取り戻し、起き上がる時間が増え、体重も減ってきました。現在は、杖を使って、歩いて受診できるまでになりました。

ポイント

- 高齢期では喪失体験が多くなります。喪失体験による悲しい気持ちやつらい気持ちを受容して共感し、そうした気持ちをやわらげるように支援することが重要です。
- 病気によって気力が低下してしまうこともあります。利用者の生活歴などにもとづいて、意欲を引き出す支援が重要です。

老化によるからだの変化

　人間はだれでも年をとり、からだにさまざまな変化が生じてきます。それは自然の老化現象として起こるものもあれば、病気によって起こるものもあります。

　実際には個人差が大きく、90歳代で元気な人もいれば、70歳代でも病気で動けない人もいます。また、1人ひとりのからだの中でも、弱ったところとそうでないところのばらつきもあります。目は見えにくいが、耳はよく聞こえる、などです。ここでは一般的な**老化によるからだの変化**について学びましょう。

表6-2　老化によるからだの変化

部位	変化
脳	脳へいく血液の量が少なくなる。また、新しいことは覚えにくく、これまでの経験や知識などは比較的維持されやすい。
心臓血管	静かにしているときの変化はあまりないが、動いたときの心臓の機能は低下する。血管は弾力がなくなり、動脈硬化になりやすい。また、血圧は高くなり、脈拍は少なくなる傾向がある。
肺	肺の変化は比較的大きく、若いときの機能の半分くらいに低下する。特に空気を吐き出す力が弱くなって、肺の中に古い空気が残りやすい。そのため少し動くと息苦しく感じる。
腎臓	腎臓は肺とともにもっとも機能が低下しやすい。若いときに比べて半分から3分の1くらいまで低下する。そのため、薬を排泄する機能も低下し、副作用が出やすくなる。
胃や腸	胃や腸は、食べた物を消化したり、吸収したりする力が弱くなる。食べているのに、やせてくることもある。
筋肉	筋肉が小さくなり、筋力は低下する。姿勢が不安定になったり、重たいものを持つのが大変になったりする。
骨	骨の密度が小さくなって、すかすかになる。特に女性はその傾向が強い。
免疫系	免疫力が低下して、感染症にかかりやすくなる。

目	視力が低下し、近くのものがぼやけて見えるようになる（老眼）。視野がせまくなり、明るいところから暗いところに行ったときの適応力が低下する。また、色覚が低下し、特に青系の色が見づらくなる。
耳	特に高い音が聞きづらくなる。
舌	味がわかりにくくなり、濃い味を好むようになる。
鼻	嗅覚（きゅうかく）が低下し、においがわかりにくくなる。

事例　疲れやすく風邪をひきやすい利用者への支援

　Cさんは最近、疲れやすく風邪をひきやすくなりました。そのため、自宅で生活する時間が増えています。風邪が治って買い物に行こうとすると、胸がドキドキして呼吸が苦しくなりました。長い時間、歩くことも苦痛になりました。やっと買い物をして食事をつくっても、味がよくわからず、おいしいと感じません。昔はこんなことはなかったのに……とがっかりしています。

　そこで介護職は、Cさんに毎日、まめにうがいと手洗いを行うこと、暑い日や寒い日は無理をしないことなどを助言しました。Cさんは面倒くさいと思っていましたが、まめにうがいと手洗いをしているうちに、少し風邪をひきにくくなりました。

ポイント

- 高齢者は全身の機能が低下する傾向にありますが、個人差が大きく、ばらつきがあります。
- 身体の機能が弱まると、心理的に弱くなりがちです。

第6章　老化と認知症の理解

日常生活の変化

　高齢者の日常生活は、からだやこころの変化によって大きく変化します。からだとこころはお互いに影響を及ぼすので切り離すことができません。

　生活が不活発な状態が長期間続くと、加齢による機能低下に加え、心臓や肺、消化器の機能が低下したり、筋力が低下したり、うつ状態になったり、褥瘡▶▶ができたりします。また、転倒しやすくなったり、背中が丸くなり姿勢が悪くなったりします。これを**廃用症候群（生活不活発病）**といいます。

　廃用症候群を予防するためには、食事をきちんと食べて、エネルギーを補給します。そして、家事や趣味などの活動を継続することが大切です。できるだけ外出の機会もつくりましょう。地域の活動に参加することも、ひきこもりや孤立を避けることにつながります。

　そして、環境の変化もからだやこころを変化させます。引っ越しや施設に入所する際は、からだやこころの変化に注意が必要です。

図6-2　加齢によるからだの変化が及ぼす影響

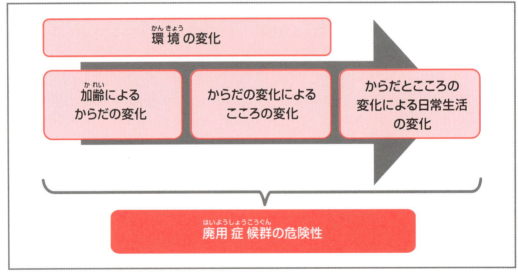

褥瘡▶▶第6章第2節「高齢者に多い病気」参照

事例　環境の変化によって廃用症候群のきざしがあらわれた利用者への支援

Dさん（80歳、男性）は、長年1人暮らしをしていました。もともと、まめな人で、よく料理をしたり、掃除をしたりして日常生活を整えていました。しかし、右大腿骨頸部（太腿の骨の頭の部分）を骨折してからは、自宅で杖を使って生活をしています。以前のようには動けなくなったため、最近では料理をするのも掃除をするのもおっくうになってしまいました。そのうち、だんだん足に力が入らなくなり、杖で歩行するのも危険な状況になってきました。

介護職は、これ以上Dさんの身体の機能が低下しないようにかかわることが大切だと考え、自宅でDさんが歩行する際は、安全に歩行できるようにつきそいました。Dさんは安心したようで、徐々にやる気を取り戻し、少しずつ歩行状態が安定してきました。

ポイント

- 高齢者の日常生活は、からだやこころの変化によって大きく変化します。
- からだやこころの変化により、生活が不活発な状態が長期間続くと、廃用症候群を引き起こします。予防するためには、食事をきちんと食べて、エネルギーを補給することが大切です。
- 廃用症候群を予防するためには、家事や趣味などの活動を継続することも大切です。

第2節 高齢者に多い病気と症状

1 高齢者に多い病気と症状を学ぶ意味

　第1節では、人は老化にともない、「こころ」と「からだ」が変化することを学びました。老化により、精神的にも、身体的にも機能がおとろえてしまうことで、病気にかかることも多くなります。高齢者は何らかの病気をかかえている場合がほとんどです。

　また、複数の病気をかかえている人も多くみられます。このことから、介護職が高齢者の介護をするうえで、高齢者がかかりやすい病気の特徴を学んでおくことはとても大切です。

　さらに、高齢者がかかりやすい病気の症状や訴えを理解しておくことで、より具体的にどのような対応が求められるのか、みずから考えることができるようになります。

　まずは、**高齢者に多い病気**の原因や特徴、**高齢者に多い症状**や訴えについて学んでいきましょう。

2 仕事を進めるうえでの基本的視点

　介護を必要とする高齢者にみられる、症状や訴えと病気との関連性を考えるためには、**表6-3**の視点が大切です。さらに、病気や症状に対応した介護を行うためには、**表6-4**の視点が大切です。

表6-3　症状や訴えと病気との関連性を考えるための視点

① 加齢にともなう精神的・身体的な変化について把握する。
② 高齢者にみられる病気の特徴について理解しておく。
③ どのような症状があるのか観察する。
④ 利用者からの訴えについて、よく話を聞く。

表6-4　病気や症状に対応した介護を行うための視点

① 日常生活において、病気がどのような影響を及ぼしているのか観察する。
② 日常生活における留意点を学ぶ。

3 利用者にとっての病気と症状

　介護を必要とする高齢者の多くは、何らかの病気にかかっています。そのため、高齢者本人は、病気をかかえながらも、その病気とうまくつきあいながら生活を送っていかなければなりません。病気の特徴をきちんと理解しておくことで、日常生活においてどのような点に注意をはらえばよいのか、また、何に気をつけていけばよいのか知ることができます。そうすることで、無理をせず、自分らしい生活を送ることにつながっていきます。

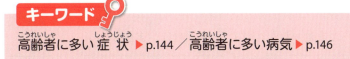

キーワード
高齢者に多い症状 ▶p.144／高齢者に多い病気 ▶p.146

高齢者に多い症状

高齢者は、加齢によりいろいろな病気にかかっています。**高齢者にみられる病気の症状の特徴**は**図6-3**のとおりです。

図6-3　高齢者にみられる病気の症状の特徴

高齢者の病気は見つけることがむずかしい場合もあります。そのため、一般的な病気の症状だけでなく、「**いつもと違う**」かどうかを観察することで、早期に発見することが大切です。高齢者が訴えるおもな症状は**表6-5**のとおりです。

表6-5　おもな症状

痛み	頭痛、胸痛、腰痛、腹痛など
しびれ	手や足のしびれなど
むくみ	特に足が腫れたようになるなど
不眠	夜、なかなか寝つけない。昼寝ができないなど
便秘、下痢	何日も便が出ない、逆に便が1日に何回も出るなど
尿失禁	ちょっとからだを動かしただけで尿が漏れてしまうなど

事例　胸に痛みを感じた利用者への支援

1人暮らしのEさんは胸のあたりに痛みを感じました。強い痛みではなかったため、しばらくようすをみていました。そこへ介護職がいつものサービス提供のために訪れました。介護職はEさんのようすの変化に気づき、「念のため、病院に行ったほうがいい」と話をしたところ、Eさんもそのほうが安心だと言って、受診することになりました。病院で検査したところ、心筋梗塞で緊急入院することになりました。

事例　腹圧性尿失禁がある利用者への支援

Fさん（女性）は最近、腹圧性尿失禁▶▶があるため、ちょっとくしゃみをしただけで、尿が漏れて下着をよごすことがあり、気にしています。そのため、いつも尿が漏れていないか気になっています。Fさんの訪問介護（ホームヘルプサービス）を担当していた介護職は、尿を取る薄手のパッドがあることを紹介しました。また、骨盤底筋訓練▶▶を行うと、尿漏れが少なくなることがあることを助言しました。

ポイント

- 高齢者は、一般的な病気の症状が出にくいという特徴があります。症状がなくても、重大な病気が隠れていることもあります。
- 高齢者の病気に気づくためには、一般的な病気の症状だけでなく、「いつもと違う」かどうかを観察することが重要です。
- 高齢者にみられる病気の症状の特徴を知ることで、利用者の病気に気づくことができ、早めに介護支援専門員（ケアマネジャー）▶▶などの他職種に連絡することができます。

腹圧性尿失禁 ▶▶ 出産や加齢などによって尿道をしめる筋力が低下しているため、くしゃみや咳などでおなかに力が入ったときに尿が漏れる失禁のこと。
骨盤底筋訓練 ▶▶ 肛門と膣をしめることによって、尿道をしめる骨盤底筋を強化し、おもに腹圧性尿失禁を予防するための訓練のこと。
介護支援専門員（ケアマネジャー） ▶▶ 第3章第1節「多職種連携」参照

高齢者に多い病気

高齢者に多い代表的な病気は次のとおりです。

誤嚥性肺炎

誤嚥▶によって細菌が気管に入り、肺に炎症を起こす病気が**誤嚥性肺炎**です。高齢者ではとても起こりやすい病気で、症状として咳や痰、むせがみられます。また、熱が出たり、喉がゴロゴロしたりすることもあります。このような症状がないかどうか観察することが大切です。

高血圧

高血圧は、最高血圧（収縮期血圧）が140mmHg以上、最低血圧（拡張期血圧）が90mmHg以上と定められています。原因がはっきりしない場合もあります。高血圧は自覚症状がない場合もあります。血圧の高い状態が長く続くと、頭痛やめまい、のぼせ、息切れといった症状が出ます。定期的に血圧測定を行うことが重要です。

心筋梗塞

心筋梗塞は、心臓に栄養を送っている血管がつまる病気です。心筋梗塞は突然、激しい胸の痛みに襲われます。痛みは30分ほど続きます。冷や汗が出たり、顔色が悪くなったりします。しかし、高齢者では症状が出ないこともありますので、注意が必要です。

誤嚥 ▶▶ 第9章第4節「咀嚼・嚥下」参照

脳卒中

　脳卒中は脳や脳をおおっている血管が出血したり、つまったりする病気です。原因は高血圧や不整脈です。からだの片側がしびれる、ろれつがまわらない、よだれが出る、物を落とす、息苦しさや動悸（どうき）を感じるなどの症状（しょうじょう）があります。

からだの片側がしびれる

ろれつがまわらない

パーキンソン病

　パーキンソン病は、原因不明のからだの動きが悪くなる病気です。おもな症状（しょうじょう）は、①静かにしているときに手やからだが小きざみにふるえること、②からだを動かそうとしたときにスムーズに動けないこと、③動作が遅（おそ）くなること、④姿勢をうまく保てないこと、の４つです。特に転ばないように注意が必要です。

小きざみにふるえる

スムーズに動けない

動作が遅（おそ）くなる

姿勢が保てない

糖尿病

糖尿病は、血液中の糖分が多くなる病気です。最初はあまり症状がありません。病気が進んだとき、口が渇く、たくさん水を飲みたくなる、尿がたくさん出る、だるいなどの症状が出ます。血液中の糖分の多い状態が続くと、腎臓や神経、目に障害が出ます。

糖尿病を治療している人は、血液中の糖分が少なくなることがあります。これを**低血糖**といいます。低血糖は死にいたることがありますので、注意が必要です。甘い物などを近くに置いておく習慣が重要です。

関節症

関節症とは関節に起こる痛み・炎症のことです。いろいろな関節で起こります。骨と骨のあいだのクッションの役割をする軟骨が徐々にすり減り、痛みや炎症が起こり、日常生活が困難になります。肥満の中年以降の女性に多くみられます。関節に負担をかけない工夫が大切です。

骨折

高齢者に多い骨折部位は4つあります。①大腿骨頸部（太腿の骨の頭の部分）、②橈骨遠位端（前腕の太いほうの骨の手首の部分）、③上腕骨近位端（上腕の骨の肩の付け根の部分）、④脊椎（背骨）の腰のあたりです。もともと骨は弱くなっているので、カルシウム（乳製品や小魚など）やビタミンK（納豆や青菜など）、ビタミンD（魚など）をとることや、運動を心がけることも重要です。

白内障

　白内障は、目がかすんでくる病気です。症状は、見ているものが白くぼやけて見えたり、かすんで見えたりします。視力も低下します。個人差がありますが、年をとると多くの人にみられます。はっきり見えないので、転倒などの危険性があるため、注意が必要です。

難聴

　難聴とは聴力が低下した状態をいいます。難聴の原因の1つに、加齢があります。老人性難聴では、高い音域が聞こえにくくなります。気がつかないことが多いので、後ろから声をかけることは避けましょう。

前立腺肥大症

　前立腺は男性にしかない臓器です。前立腺が大きくなるため、膀胱の出口付近の尿道が圧迫され、尿が出にくくなる病気です。前立腺肥大症のある人は加齢にともなって増加します。おもな症状は、尿が出にくい、尿が頻回になる、残尿感がある、などです。

感染症

　高齢者は体力が落ちているので、いろいろな病気を起こす細菌などに感染し、病気にかかりやすくなります。たとえば、インフルエンザや肺炎、風邪などです。感染症は熱が出たり、息が苦しそうになったりしますが、高齢者ではこれらの症状が出ないこともあります。「何となく元気がない」や「いつもより食欲がなさそう」などが病気のサインとなります。

排尿障害

高齢者に多い排尿障害には、尿失禁や頻尿があります。尿失禁には女性に多い腹圧性尿失禁、切迫性尿失禁▶▶、溢流性尿失禁▶▶、機能性尿失禁▶▶などがあります。頻尿はトイレに行く回数が多い状態です。男性の場合、前立腺肥大症などで起こりやすくなります。

排便障害

排便障害でいちばん多いのは、便秘です。便秘はさまざまな原因で起こります。高齢者に多い原因は、腸の病気や排便のタイミングのずれ、薬による影響、運動不足などがあります。

うつ病▶▶

脱水▶▶

切迫性尿失禁 ▶▶ 病気などが原因で膀胱に尿をためておけず、急に強い尿意を感じてがまんできずに尿が漏れる失禁のこと。
溢流性尿失禁 ▶▶ 病気などが原因で残尿があり、知らないうちにあふれるように尿が漏れる失禁のこと。
機能性尿失禁 ▶▶ 認知症やADL（日常生活動作）の低下などが原因で、トイレの場所がわからなかったり、排泄の動作がむずかしかったりするために尿が漏れる失禁のこと。
うつ病 ▶▶ 第6章第3節「健康管理」参照
脱水 ▶▶ 第6章第3節「健康管理」、第9章第4節「脱水」参照

褥瘡

　褥瘡(じょくそう)は床ずれともいわれ、長い時間からだの同じ場所に圧力がかかり、血のめぐりが悪くなって、皮膚(ひふ)の細胞(さいぼう)が死んでしまう状態です。最初は皮膚(ひふ)が赤くなり、薄皮(うすかわ)がむけてきます。その状態をそのままにしておくと、皮膚(ひふ)がえぐれ、ひどい場合は骨が見えるほどになります。

　褥瘡(じょくそう)が発生しやすい部位▶▶は、仙骨部(せんこつ)（おしりの骨の出た部分）、肩甲骨部(けんこうこつ)（背中の三角の骨のあたり）、後頭部（頭の後ろ）などです。2時間くらいしたらからだの向きを変えたり（体位変換(へんかん)）、皮膚(ひふ)を清潔にしたり、栄養をきちんととることで褥瘡(じょくそう)を予防する▶▶ことが大切です。

ポイント

- 実際の仕事のなかで利用者の病気に気づけるように、高齢者(こうれいしゃ)に多い病気とその症状(しょうじょう)を理解しましょう。
- 高齢者(こうれいしゃ)の病気は、症状(しょうじょう)がはっきりと出ないこともあるため、「いつもと違(ちが)う」かどうかを観察することも重要です。
- 実際の仕事のなかで病気に応じた適切な支援ができるように、高齢者(こうれいしゃ)に多い病気の症状(しょうじょう)とあわせて、病気ごとの支援の際の留意点も理解しましょう。

褥瘡(じょくそう)が発生しやすい部位 ▶▶ 第9章第5節「褥瘡(じょくそう)予防」参照
褥瘡(じょくそう)を予防する ▶▶ 第9章第5節「褥瘡(じょくそう)予防」参照

第3節 認知症の基礎知識

1 認知症の基礎知識を学ぶ意味

認知症は、加齢にともない増加する病気です。図6-4を見るとわかるように、65歳から69歳では2.9％であった有病率が、85歳から89歳では41.4％にまで上昇しています。また、認知症の有病率の推計では、2015（平成27）年には、517万人で65歳以上のうち15.2％であった有病率が、2025年には、675万人で65歳以上のうち18.5％になると予想されています（二宮利治「日本における認知症の高齢者人口の将来推計に関する研究」2015年）。

しかし、認知症は、高齢期にだけ起こる問題ではありません。65歳未満で発症した場合は、若年性認知症といわれ、推計で3万7800人とされています（厚生労働省「若年性認知症の実態等に関する調査結果の概要及び厚生労働省の若年性認知症対策について」2009年）。

認知症は特別な病気ではなく、自分や家族のだれもがなる可能性のあるもので

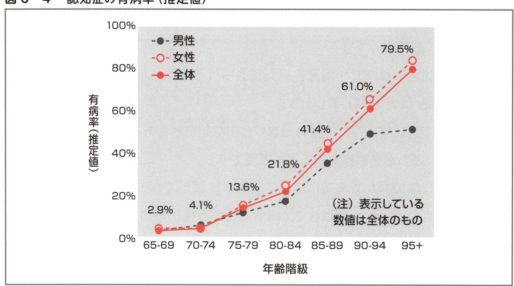

図6-4 認知症の有病率（推定値）

出典：朝田隆ほか「都市部における認知症有病率と認知症の生活機能障害への対応」p.119、2013年

す。認知症を正しく理解し、認知症の人と接するときの心構え、認知症の人の生活を支える介護への理解を深めましょう。

2 仕事を進めるうえでの基本的視点

　自分自身のことや周囲の状況を把握することも困難になった認知症の人のなかには、介護保険制度を利用し施設サービスを利用している人もいれば、居宅で訪問介護（ホームヘルプサービス）を利用し生活を維持している人もいます。

　認知機能の低下の仕方は、認知症の原因となる病気によっても異なり、標準的なケアというものはありません。大切なことは、認知症の人の気持ちや状態変化に気づき、それぞれの利用者が生活のなかで困っている部分に視点をおくことです。そのためにも、**認知症ケアの理念**、**認知症の種類と原因**、**認知症の人とのかかわり方のポイント**、**健康管理**などの認知症の基本を理解しましょう。

3 利用者にとっての認知症

　高齢になりもの忘れを経験する人はたくさんいますが、その場合は忘れたことを自覚することができます。認知症の人は、忘れたことを自覚することができず、同じ商品を買ってきたり、家事の段取りができなくなったりすることなどが徐々に増えてくることで、本人自身も何となくおかしいと気づきはじめます。

　このような状態が続くと、不安を感じたり、抑うつ的になったり、あるいは、まわりから病気であると言われ、怒って暴言を吐いたりするなど、人によってさまざまな症状があらわれます。介護職は、そうした認知症の人の気持ちに共感して支援することが求められます。

> **キーワード**
> 認知症ケアの理念 ▶p.154／認知症の種類と原因 ▶p.156／認知症の人とのかかわり方のポイント ▶p.160／健康管理 ▶p.162

認知症ケアの理念

認知症の人とかかわるうえでの基本は**尊厳の保持**▶▶です。そのためには、1人の人としてかかわることが大切です。たとえば、認知症のことを「認知」と省略したり、「あの人は認知が入っている」のような言い方をしたりすることは、本人の気持ちに立ってみれば好ましいことではありません。

人としてあたりまえに接するためには、その人の背景を知り、気持ちに共感する姿勢が必要です。こうしたその人を中心としたケアの考え方を**パーソン・センタード・ケア**と呼びます（**図6-5**）。

図6-5　その人を中心としたケアの視点の例

古いケアの考え方の例	その人を中心としたケアの視点の例（パーソン・センタード・ケア）
認知症になると何もわからない	認知症になっても感情は豊かに残っている
問題に対処するのがケア	本人が自分らしく生活することを支えることがケア
安全な環境と身体的なケアが中心	尊厳と自立、人間性と個別性の維持がケアの中心
ケアは効率よく行う	ケアは共感的に行う

尊厳の保持 ▶▶ 第2章第1節参照

事例 認知症の人をめぐるケアの視点

介護職：あの人は「認知」が入ったので、かかわりがむずかしくなったと思います。

介護職：「認知」とは人が外から入ってくる情報を状況に応じて判断する過程のことをいいます。正しい表現ではありませんよ。

介護職：でも、脳の病気には変わりありませんよね。それに、何をしたいのかさっぱり理解できません。何もわからなくなっているようにもみえます。業務が進まないので困ります。

介護職：認知症とひとくくりにしてしまうと皆同じになってしまいますよね。人としてみれば、人の数だけやりたいこと、してきたことは違います。本人は私たちにとって困った人ではなく、認知症によって今の生活に困っている人です。そう考えると何が必要かみえてきますよね。

ポイント

- 認知症の人の尊厳を保持する、人格を尊重するという視点を養いましょう。
- 認知症という病気をみるのではなく、その人の性格、人生や生活を大切にします。

第6章 老化と認知症の理解

認知症の種類と原因

認知症の種類

認知症とは、1つの病名ではありません。いろいろな原因で脳の細胞がこわれたり、はたらきが悪くなったりしたために、さまざまな障害が起こり、生活するうえで支障が出ている状態をいいます。

代表的なものとしては、**アルツハイマー型認知症**、**血管性認知症**、**レビー小体型認知症**、**前頭側頭型認知症**などがあります。

認知症の疾患別割合としては、アルツハイマー型認知症がもっとも多く、次いで血管性認知症が多いとされています（図6-6）。

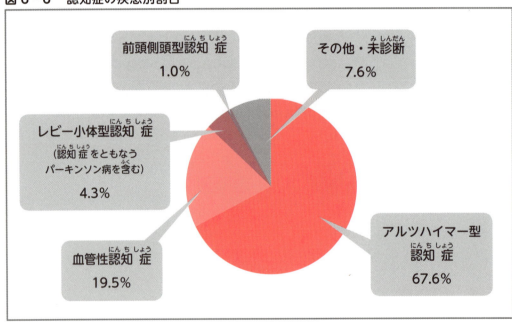

図6-6　認知症の疾患別割合

資料：朝田隆ほか「都市部における認知症有病率と認知症の生活機能障害への対応」2013年を元に筆者作成

アルツハイマー型認知症の特徴

アルツハイマー型認知症は、いちばん多いとされる認知症です。**女性**に多くみられます。発症の時期は明確でなく、いつともなくもの忘れが始まり、ゆっくりと確実に進行していきます。

アルツハイマー型認知症では、最近の出来事を忘れてしまうという症状がみられます。これは、脳の海馬と呼ばれる部分に病気による変化が起こり、記憶ができなくなるためです。記憶ができなくなることに関連して、**もの盗られ妄想**▶▶がみられることもあります。

血管性認知症の特徴

血管性認知症は、アルツハイマー型認知症に次いで多いとされる認知症です。**男性**に多くみられます。脳梗塞や脳出血、くも膜下出血などの脳血管障害を起こしたあとに、認知症の症状が急激にあらわれます。

血管性認知症では、身体症状として高血圧や糖尿病、心疾患などをともないます。できることと、できないことがはっきりする**まだら状の症状**がみられるのが特徴です。

レビー小体型認知症の特徴

レビー小体型認知症は、進行性で、徐々に症状が進んでいきます。

レビー小体型認知症は、症状の変動があり、**幻視**▶▶や**錯視**▶▶がみられるほか、**パーキンソン症状**▶▶があらわれるのが特徴です。記憶障害▶▶は初期ではあまり目立ちません。また、向精神薬などに過敏に反応するため注意が必要です。

もの盗られ妄想 ▶▶ 自分でしまったことを忘れてしまい、だれかに盗られたと思いこんで、まわりの人を責めるなどの症状。
幻視 ▶▶ 現実には存在しないものが見えたりすること(たとえば、だれもいない部屋に人が見えるなど)。
錯視 ▶▶ 現実に存在するものを誤って認識すること(たとえば、傘を人と認識するなど)。
パーキンソン症状 ▶▶ 第6章第2節「高齢者に多い病気」参照
記憶障害 ▶▶ 第6章第4節「中核症状」参照

前頭側頭型認知症の特徴

　前頭側頭型認知症は、40代から60代に発症することが多く、男女の差はありません。初期には記憶の低下や生活上の困りごとが目立たないため、本人に病気であるという自覚がないことが多いです。

　前頭側頭型認知症は、抑制が効かなくなることによる**反社会的な行動**や、**人格の変化**があらわれるのが特徴です。また、いつも決まった道を通る、同じ行動をくり返すなどの**常同行動**がみられることも特徴です。

認知症の原因

　認知症の原因となる病気は70種類以上あるといわれており、種類によってあらわれる症状もさまざまです。原因となる病気によって治療やケアの方針が変わります。

アルツハイマー型認知症の原因

　アルツハイマー型認知症は、異常なたんぱく質によって脳の神経細胞がこわれて死んでしまい、脳全体が萎縮することで認知症の症状があらわれます。初期から海馬の萎縮もみられます。

血管性認知症の原因

　脳梗塞や脳出血、くも膜下出血などの病気によって、脳の血管がつまったり出血したりします。血管性認知症は、これらの病気によって、脳の細胞に酸素や栄養が送られなくなり、細胞がこわれてしまうことで認知症の症状があらわれます。

レビー小体型認知症の原因

　レビー小体型認知症では、レビー小体と呼ばれる特殊なたんぱく質が脳にたくさん集まります。それによって神経細胞がこわれて減少するため、神経の伝達がうまくいかなくなり、認知症の症状があらわれます。

前頭側頭型認知症の原因

　前頭側頭型認知症は、脳の前に位置する前頭葉と、横に位置する側頭葉が萎縮することで認知症の症状があらわれます。

図6-7　脳の部位とそのはたらき

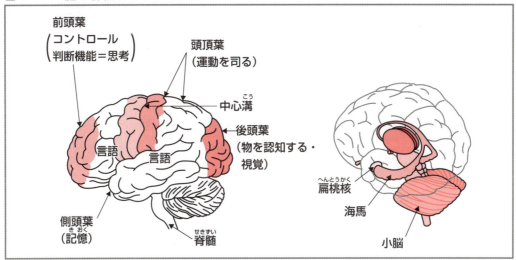

出典：介護福祉士養成講座編集委員会編『新・介護福祉士養成講座12 認知症の理解 第3版』中央法規出版、p.49、2016年を一部改変

ポイント

- 認知症は原因となる病気によってあらわれる症状が異なります。
- 認知症の種類ごとの特徴を理解しておくことは、認知症の種類に応じた支援を理解するうえで大切です。

認知症の人とのかかわり方のポイント

認知症では、脳の病的な変化によって生活上の障害を生じますが、それでも生き生きとおだやかに生活をしている人がたくさんいることも事実です。

介護職には、認知症の原因や症状を理解したうえで、不安感や孤独感を軽減できるようなかかわり方、対応が求められます。

アルツハイマー型認知症の人とのかかわり方

記憶障害のために何度も同じことを聞くことは、決して後ろ向きなことではありません。本人にとっては、これからのことを知りたいというメッセージなのかもしれません。

本人は否定的に反応されると不安と怒りを感じますので、これからのこと、そして子どものころや若いころの話をすることが大切です。

レビー小体型認知症の人とのかかわり方

幻視や錯視によって、何が見えているのかを本人に聞いてみるとよいでしょう。その恐怖や違和感を共有し、どうしたらよいのかをいっしょに考える姿勢を示すことがポイントです。

また、日内変動（その日のうちでも症状が異なり、よい時間帯とうまくいかない時間帯があること）もあることから、よい時間帯のかかわりの質を高めていくようにしましょう。

前頭側頭型認知症の人とのかかわり方

同じ行動をくり返したり、同じ道を散歩（周徊）したりする症状がみられます。その行動は時刻表的といわれるほどパターンが決まっています。

しかし、行動は意欲をともなって起こるものです。その意欲を大切にして、別の形で実現できないかを考えることが大切です。行動を止めることは本人の怒りにふれることがあります。

血管性認知症の人とのかかわり方

脳の障害部位によっては、できないこともありますが、時間はかかっても、できることが多く残されています。できることをいっしょに探し、少しだけ待つ姿勢が本人の不安や混乱を防ぎます。

ポイント

- 介護職には、認知症の原因となる病気の原因や症状を理解したうえで、認知症の人の不安感や孤独感を軽減できるようなかかわり方が求められます。
- 認知症の種類によっておもな症状は異なるため、それぞれのおもな症状を理解し、それに応じたかかわり方を理解しておくことは重要です。
- 認知症の症状にとらわれすぎて、症状を中心としたケアにおちいらないよう、パーソン・センタード・ケアの実践を忘れないことが大切です。

健康管理

認知症では、自分の健康状態をうまくまわりの人に伝えることがむずかしくなり、具合が悪くてもその症状を感じにくくなります。特にうつ病や脱水などは、その病状が悪化することもあります。そのため、認知症の人の**健康管理**においては、介護職の役割として、利用者の小さな変化にも気づくことが求められます。

介護職は、利用者のようすを詳細に記録して、医療職などにつなぐことが大切です。

うつ病の症状と特徴

うつ病は、気分が落ちこみ、何事にも興味がもてなくなり、日常生活に支障があらわれる状態です。環境変化や死別などの大きなストレス、日々の生活のなかのストレスのような慢性的なストレスが原因となります。

認知症の人は、認知症にともなう喪失感や、周囲との間に生じるコミュニケーションのストレスなどによりうつ病になりやすくなります。

うつ病の特徴として、図6-8に示す症状が1週間から2週間続きます。認知症の記憶障害とよく似た症状がありますが、自分自身で「認知症になった」「忘れてしまった」などの発言があることは、うつ病の特徴です。うつ病は治療ができる病気ですので、医療機関で診察を受け、治療をする必要があります。

図6-8 うつ病の特徴

・口数が少ない。
・周囲への興味が極端に薄れる。
・人とかかわろうとしない。
・悲観的な発言が多く「もうだめだ」「死にたい」などをくり返す。
・食欲不振や不眠、体重減少がみられる。

脱水の症状と特徴

脱水とは、体内の水分と塩分が減少した状態です。

私たちのからだの半分以上を水分が占めています。高齢になると、水分を蓄える筋肉量の減少、基礎代謝の低下、夜間排尿を抑えようとして水分をひかえることなどの理由により、体内の水分量が少なくなりがちです。認知症によって、水分不足をうまく訴えることができなくなると、さらに脱水の危険性が高まります。

脱水が起こると、意識がもうろうとしたり、ボーッとしたり、一見すると認知症の症状が悪化したかのような症状がみられることがあります。水分は1日1000mlから1500ml程度補給する必要があります。図6-9の点をよく観察し、脱水を未然に防止しましょう。

図6-9　脱水の特徴

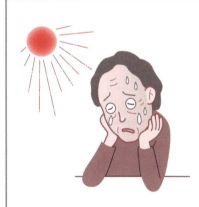

・声が小さく、かすれた声になる。
・痰がからみ、咳をくり返す。
・急激に食欲が低下する。
・暑いのに汗をかかない。
・寒気がするという訴えがある。
・手の甲の皮膚をつまんでも、しばらくもとに戻らない。

ポイント

● 認知症の人は、自分の健康状態をうまくまわりの人に伝えることがむずかしくなり、具合が悪くてもその症状を感じにくくなります。そのため、いつもとようすが異なる場合には、できるだけ早く医療職などに相談することが大切です。

第4節 認知症によるこころとからだの変化

1 認知症によるこころとからだの変化を学ぶ意味

　認知症の症状は、脳梗塞による麻痺などと違い、他人からなかなか見えません。ふだん服用している薬の管理ができなくなったり、診察日を間違えたり、同じ質問をくり返すようになったり、おだやかな性格だったのにささいなことで怒りっぽくなったりなどの変化により気づくことがあります。

　認知症の**中核症状**には、記憶障害、見当識障害、理解・判断力の低下、実行機能障害などがあります。また、**BPSD（認知症の行動・心理症状）**には、原因となる病気ごとに特徴的な症状があります。認知症に早く気づくため、認知症の人を支援するためには、この中核症状とBPSDを知っておく必要があります。

2 仕事を進めるうえでの基本的視点

　認知症は原因となる病気によって症状が異なりますが、認知症の原因にかかわらず、その人のできること（残存能力▶▶）をいかして、日常生活を明るく楽しく暮らせるように支援することはできます。

　生活援助を提供する介護職としては、利用者が認知症になったことや、利用者の認知症が悪化したことにいち早く気づく視点が求められます。

　また、サービスを提供する場面においては、おもに認知症の人とのコミュニケーション▶▶を通したかかわりが求められます。認知症の中核症状を理解し、なぜBPSDが起こるのかを理解していないと、認知症の人の行動や発言に適切に対応することができず、認知症の人は混乱してしまいます。そのため、確かな知識にもとづいたかかわりの視点が求められます。

残存能力 ▶▶ 第2章第2節「残存能力の活用」参照
認知症の人とのコミュニケーション ▶▶ 第5章第1節「利用者の状態に応じたコミュニケーション」参照

3 利用者にとっての認知症によるこころとからだの変化

　死滅した神経細胞そのものはもとに戻りませんが、適切なリハビリテーションや介護により意欲を引き出し、できること（残存能力）を高めると、軽度の認知症の場合、回復する可能性もあります。逆に否定したり、ミスを責めたりといった誤ったかかわりにより、急速に進行するケースもあります。

　認知症の人の気持ちや状態の変化に気づくには、これまでの長い人生のなかでどのような暮らしをしてきたのか、どのような生活習慣や趣味・好みがあるのかなどの情報がとても役に立ちます。

　たとえば、外出しても自宅に帰ってこられないということがあると、介護者は行動を制限しようとするかもしれません。しかし、本人にとっては「外出したい」という思いが強いので、その行動を止めようとすると、トラブルになりやすいです。ここで大切なことは、まず、どうして外出したいのかを確認することですが、このとき、以前の生活習慣などが、「外出したい」という思いを理解する手がかりとなります。

　認知症になっても安心して地域で暮らすために、介護職には、認知症の症状などの知識を理解するとともに、認知症の人の生活歴などから、認知症の人の行動や発言を理解し対応することが求められます。介護職は、認知症によるこころとからだの変化にともなう**日常生活の変化**にそった支援を行うことが重要です。

キーワード

中核症状 ▶p.166／BPSD（認知症の行動・心理症状）▶p.170／日常生活の変化 ▶p.172

中核症状

認知症によって脳のはたらきが障害され、あらわれる症状が**中核症状**です。中核症状を理解したうえでかかわることによって、認知症のある人は安心感をえられ、中核症状にともなってあらわれる興奮などのBPSDを防ぐことができます。混乱や興奮、落ち着きのなさなどがみられるときは中核症状にうまく対応できていない可能性があります。

中核症状は、すべての人にあてはまるものではありません。原因となっている病気や年齢、今いる環境によっても少し異なります。大切なことはその人の性格や背景も含めてかかわりを考えていくことです。

中核症状には、①記憶力が低下する**記憶障害**、②時間・場所・人がわからなくなる**見当識障害**、③判断することがむずかしくなる**理解・判断力の低下**、④計画的に行動ができなくなる**実行機能障害**、⑤見る・話す・行うことなどができなくなる**失認・失語・失行**などがあります。

記憶障害

過去の記憶はよく覚えていますが、最近の出来事を記憶にとどめることがむずかしくなります。からだで覚えていることや何度もくり返していることは、比較的覚えています。本人の覚えている記憶を探り、それをもとに会話することを心がけましょう。

図6-10　記憶障害のおもな症状の例

・話をするうちにくり返し同じ話になる。
・食事をしたことを忘れてしまう。
・今日の予定を何度もくり返し聞く。
・何度も会っているのに「はじめまして」と言う。
　　　　　　　　　　　　　　　　　　　　など

見当識障害

　まず、時間の感覚がわからなくなります。現在の時間だけでなく、季節も理解できなくなり混乱することがあります。そのため、時間や季節を感じられるように、外出することが大切です。

　症状が進むと、今いる場所やおかれた環境や経緯がわからなくなり不安になります。手がかりや人に聞くことでわかることも多くあります。何がしたかったのか、どこに行きたかったのかを本人に聞き、それを助けるようにします。1つひとつ説明する、いっしょに行動することで、不安が軽減します。

　さらに症状が進むと、目の前にいる人がだれなのかわからなくなります。そのつど人を紹介することで安心感をえられるようにすることが大切です。

図6-11　見当識障害のおもな症状の例

・今日の日付がわからなくなる。
・自分の家がわからなくなる。
・トイレの場所がわからなくなる。
・自分の子どもがわからなくなる。　　など

理解・判断力の低下

記憶力や実行機能の低下などとも関連していますが、とっさの判断がむずかしく、混乱してしまいます。わかりやすい言葉でゆっくり説明すること、イラストや写真を使うことで認知症の人が理解しやすくなります。

図6-12　理解・判断力の低下のおもな症状の例

・ゴミを分別することができない。
・改札を通らずに駅を出てしまう。
・買い物に行き、会計をしないで店を出る。
・訪問販売や通信販売で不要なものも買ってしまう。　など

実行機能障害

「計画を立て、行動に移す（実行）」「同時にいくつかのことを行う」ことがむずかしくなります。何をしたいのかを察して、1つひとつ行動すればできることもたくさんあります。何がわからないのかを本人に聞いてみることで安心します。

図6-13　実行機能障害のおもな症状の例

・おなかがすいたが、料理の手順がわからない。
・テレビを見たいが、リモコンの使い方がわからない。
・買い物に行きたいが、電車の乗り方がわからない。　など

失認・失語・失行

　脳以外のからだの機能は障害されていないのに、見る・話す・行うことなどがむずかしくなります。視覚や構音器官、運動機能には問題がないのに、それが言葉や行動につながらずイライラしたり、もどかしく感じたりします。別の方法でできることを探したり、物に名称(めいしょう)を書いてわかりやすくしたり、いっしょに同じ行動をしたりすることが大切です。

図6-14　失認・失語・失行のおもな症状の例

- 言葉がうまく出てこない（失語）。
- 聞いた言葉の意味が理解できない（失語）。
- コップを手に取っても何かわからない（失認）。
- ボタンをかけることができない、洋服を着ることができない（失行）。
- 歯ブラシの使い方がわからない（失行）。　など

ポイント

- 中核症状(ちゅうかくしょうじょう)によって認知症(にんちしょう)の人が苦しんでいることを理解しましょう。
- できる部分をしっかりと把握(はあく)して、適切な対応につなげることが大切です。

BPSD（認知症の行動・心理症状）

　認知症の人は、中核症状によってわからないことが増え、やろうと思っていることができなくなり、イライラしたり不安な気持ちになったりします。できないことをほかの人に責められたり、指摘されたりすると、自尊心が傷つき、感情の不安定さにつながります。さらに、体調管理ができなくなり、音や光に適応できなくなることで、心身ともにストレスが蓄積されます。このような環境などの変化によって、BPSD（認知症の行動・心理症状）は出現します（図6-15）。

　BPSDは、人を困らせようとしているのではなく、本人が「困っている」「苦しんでいる」というメッセージとも受け取ることができます（表6-6）。

　だからこそ、中核症状によって生じる認知症の人の不安感や孤独感を軽減することが大切です。結果的にBPSDの出現を軽減することになります。

図6-15　BPSDが出現するしくみ

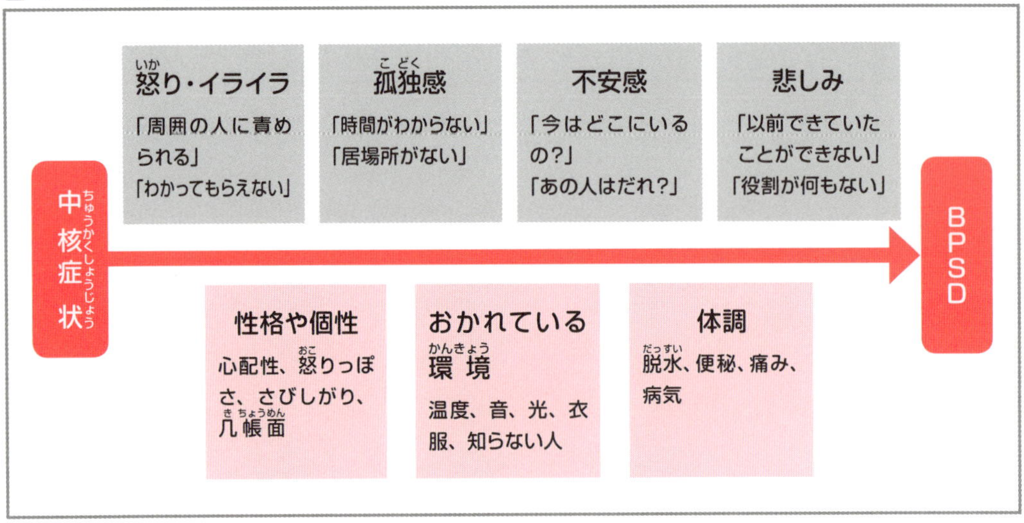

怒り・イライラ	孤独感	不安感	悲しみ
「周囲の人に責められる」「わかってもらえない」	「時間がわからない」「居場所がない」	「今はどこにいるの？」「あの人はだれ？」	「以前できていたことができない」「役割が何もない」

中核症状 → BPSD

性格や個性	おかれている環境	体調
心配性、怒りっぽさ、さびしがり、几帳面	温度、音、光、衣服、知らない人	脱水、便秘、痛み、病気

資料：NHS Education for Scotland, *Dementia Skilled Improving Practice : Learning Resource*（Updated 2016), 2016.を参考に筆者作成

表6-6 BPSDのおもな症状の例

BPSD	症状とその背景
攻撃的な言動	イライラして手をあげる。大きな声を出す。 （わかってもらえない。理解されない。　など）
帰宅行動	家に帰るといって外に出る。 （家族に会いたい。さびしい。　など）
自発性の低下	何もやる気がないように見える。 （時間や場所、人がわからない。不安で何もしたくない。　など）
家の内外を歩きまわる行動	廊下を行ったり来たりする。そわそわして歩きまわる。 （何をしていいかわからない。何もすることがない。行きたい場所がわからなくなってしまった。不安。　など）
異食行為	食べられないものを口に入れる。 （さびしい。役割がほしい。おなかがすいた。　など）
被害妄想	物が盗まれた、食事に毒が入っているなど。 （大切なものを手放したくない。だれかと接していたい。人とのかかわりがほしい。　など）

注：そのほか、健康上の理由や認知症の脳の障害による影響が考えられるものもあります。

ポイント

- 認知症のBPSDは、環境などの変化によって出現します。
- BPSDの症状はその人の今の苦しみ、悲しみ、不安、孤独と体調の変化などが影響しています。

日常生活の変化

認知症の人とかかわるなかで、理解できない行動に直面したとき、「認知症だから」と決めつけてしまい、事態が余計に悪化することがあります。

認知症の中核症状やBPSDをふまえて考えると、行動の背景がみえてくることがあります。大切なことは、目の前の人に対して、人としてあたりまえに「**説明する**」「**同意をえる**」「**確認する**」ことです。

事例 声かけをしようとしたときに突然怒り出す

今日は暖かいですね〜。（離れた場所から声をかける）

介護職

Hさん
うわ！　びっくりした！（知らない人が、遠くから親しげに迫ってきて、突然の声かけに驚く）

今日は暖かいですね。どうしたんですか。大丈夫ですよ。

介護職

Hさん
【Hさんのこころの声】
だれだお前は（記憶と判断力の障害）

Hさん
【Hさんのこころの声】
近寄るな。どこに連れて行こうとするんだ！
（見当識の障害）

Hさんからみると、横や後ろ、遠くから声をかけられて近づいてこられると、急にあらわれたように感じることがあります。近くで目線を合わせてゆっくりと話しかけるようにしましょう。今の場所がわからないことから、移動すること自体が怖い人もいます。今いる場所がどこで、これから何をするのかを常に伝えるようにしましょう。

事例 物を盗んだと介護職を疑う

Jさん
いま着ようと思っていたセーターがないの。
絶対にここに置いたはずなのに！
思い出のある大切なものだからなくすはずがない。
どうしてだろう？（記憶の障害）

しまい忘れじゃないですか？

介護職

Jさん
【Jさんのこころの声】
失礼なことを言う人。
そんなはずないじゃない。大切なものなのに。
私をバカにして！
だれかが盗んで隠したに違いない。
きっと私を責めるこの人だわ！

不安感から周囲の人（特に近くにいる人）を疑い、被害的になることがあります。また、目の前から物がなくなっていく感覚におちいる人も多くいます。不安な気持ちを理解し、いっしょに探すことや、いっしょに悲しむような対応も大切です。記憶障害から、常に確認をしておきたいという気持ちが生じます。その人が大切にしているものは何かを把握しておくことも大切です。

事例 同じ会話をくり返す

Kさん

> 私の息子は、警察官だったんですよ。
> 東京駅近くの丸の内の交番に勤務していて、背が大きくてね。
> 何回か行ったんですよ。交番に息子を見にね。

> そうなんですね。どんな方ですか。

介護職

Kさん

> 背が大きくてね、あそこの鴨居にぶつかるぐらい大きくて、警察官だったんですよ。
> 丸の内の交番に勤務していてね。背が大きかったんですよ。
> 交番に息子がいましてね。背が大きかったんですよ。

> そうなんですね。(また、同じ話が始まった)

介護職

　Kさんは、記憶障害のため同じ話をくり返していますが、さびしさ、不安感から話を聞いてほしいと思っているのかもしれません。わかっていることは、東京や丸の内、鴨居などの単語です。これらをキーワードに話を深めていくことができます。

事例 自宅なのに家に帰りたいと言い出す

Lさん：家に帰ろうと思います。

介護職：ここはLさんの自宅ですよ。

Lさん：家に帰ります。
【Lさんのこころの声】
何を言っているんだろうこの人は。お母さんに会いに行かなきゃいけないのに。

介護職：帰らなくていいんですよ。ここにいてくださいね。

Lさん：【Lさんのこころの声】
そもそも他人なのに、この人は何を言っているんだ！

認知症になった不安感から安心できる家に帰り、母親に会いたくなったのかもしれません。見当識障害のためここがどこかわからないのかもしれません。引きとめることよりも、なぜ家に帰りたいのか、帰ったら何をしたいのかを、ゆっくりと落ちついた場所で聞いてみるようにしましょう。

第5節 家族への支援

1 家族への支援を学ぶ意味

　介護する人と介護される人が同居する「家族介護」のうち、両者が65歳以上の「老老介護」の世帯が、2016（平成28）年に過去最高の54.7％となり、要介護者における介護が必要となったおもな原因でもっとも多かったのが「認知症」でした（厚生労働省「平成28年 国民生活基礎調査」2017年）。

　家族介護は、在宅介護に限界を感じやすいといわれており、長期間続くと「出口のないトンネル」と表現する人がいます。

　介護のつらさから次第にゆとりがなくなり、疲れてしまいます。介護疲れに加え、家族介護者自身に健康への不安があると、ちょっとしたことでも怒りやすくなり、笑顔が消えてしまいます。

　認知症のある人は、たまに来る人の前ではしっかりふるまい、認知症であることを感じさせない言動をとるので、大変さを訴えても理解してもらえないということもあります。

　このような認知症の人を介護する**家族の心理**を理解し、**介護負担の軽減**について学びましょう。

2 仕事を進めるうえでの基本的視点

　家族への支援を進めるうえで大切な視点は**表6-7**のとおりです。

3 利用者にとっての家族への支援の意味

　認知症の人を支援するうえで、家族からの協力は欠かせないため、家族の力は大切です。家族にはともに生活した年月があり、認知症を発症する前の性格、状況をよく把握しているので、認知症の人への対応も工夫しています。認知症

表6-7　家族への支援を進めるうえで大切な視点

① 家族の思いを聴き、家族が行ってきた介護方法を尊重する。たとえ、家族が行ってきた介護方法が不適切な方法であったとしても、否定しない。
② 認知症の人を介護している家族には、相反する気持ちがあることを理解しておく必要がある。
③ 家族の介護負担の軽減に役立つ助言ができるように、レスパイトケアについて理解しておく必要がある。
④ 家族の介護負担の軽減や、かかえている不安への支援に役立つ助言ができるように、認知症の人の家族の会や認知症カフェなどの社会資源についても理解しておく必要がある。

の人も家にいると安心なのですが、認知機能の低下による不安感から、思うようにならないことやイライラを発散できないと家族介護者に対して暴力が出たりします。それでも家族介護者は、「できないから」「時間がかかるから」と1人でがんばります。

このことから、認知症の人が自宅で日々楽しく家族とともに過ごすためには、家族介護者の「介護疲れ・介護ストレス」を軽減する必要があるといえます。そのためには、介護職による家族への支援は重要です。

介護職は、家族から相談を受けた場合には、前述したようなレスパイトケアや社会資源について、家族介護者へ助言することが求められます。そのためには、レスパイトケアや社会資源について理解しておく必要があります。

家族の心理 ▶p.178／介護負担の軽減 ▶p.180

家族の心理

　私たちは、「家族が介護をするのは当然」「家族に介護をしてもらうことはすばらしい」と思いこみがちですが、一方的にそれを決めてしまうのではなく、家族それぞれのあり方を理解することが大切です。

　家族関係の歴史や、認知症と診断されてからの期間によっても家族の心情は異なります。ただし、家族以外の人がみるからこそわかる介護方法の違和感もあります。家族の気持ちを理解しようとするのと同時に、介護されている側の状態をよく観察する視点も大切になります。

　介護をになう家族の気持ちはゆらぎますので、状況をよくみて家族の気持ちを考えていきましょう（表6-8）。

表6-8　家族の心情の段階

第1段階	とまどい、ショック	受け入れがたい気持ちがあり、周囲の声を聞くこともむずかしい状況である。介護職は、話に耳を傾けるよう心がける。
第2段階	否認	ショックをやわらげるため、事実を認めようとしない。
第3段階	混乱、悲哀、怒り、防衛	さまざまな症状が起こり混乱し、時に怒りを感じることもある。介護職は、家族が少し休む時間をつくれるよう配慮する。
第4段階	自認、割り切り	状況を認めて、割り切ることができるような時期である。介護職は、これからの方向性やかかわり方をいっしょに考える。
第5段階	適応、受容	今の状況を受け入れ、対処ができるようになる時期である。楽しみを見つけ、これからの自分自身の人生を考えることもできる。

家族には**表6-9**のような、「介護をしたい」という気持ちと「もうやめたい」という相反する気持ちがあります。それぞれの気持ちを受けとめ、気持ちの整理を助ける役割が介護職にはあります。

　また、介護職は家族介護者がいだく不安の背景を知っておくことも大切です。予期せず介護生活に入ってしまった、望んで行っている介護ではなかった、経済的な準備がないままに介護者になってしまった、など不安の背景はさまざまです。

表6-9　家族の相反する気持ち

介護者としての役割	弱音や本音
・しっかりしなきゃいけない ・私がやらなければならない ・ほかの人にまかせられない ・がんばらないといけない ・よい介護をしたい ・最期（さいご）まで私が看取（みと）りたい　など	・少し休みたい ・自分の時間がほしい ・なぜ私が介護をしなければならないのか ・いい加減、疲（つか）れた ・この方法で本当にいいのかな ・いつまでこれが続くのだろう　など

ポイント

- 家族の多様性を理解し、介護職の価値観を押（お）しつけないようにしましょう。
- 家族の心情の段階がどこにあるのかを、家族の話を聴（き）いて把握（はあく）しましょう。はげましではなく耳を傾（かたむ）けよく聴（き）くことが大切です。
- 家族の割り切れない気持ちを受けとめ、気持ちの整理を助けましょう。

介護負担の軽減

介護は長期間にわたるものですから、だれしも負担感は蓄積していきます。その背景には、介護をすることで自分自身の時間が十分にとれなくなること、役割に押しつぶされそうになること、そして専門的な知識の不足などがあげられます。

長期にわたる認知症の人の介護は、大きなストレスがかかります。そのため、介護保険サービスを利用するように助言しましょう。また、専門的な知識だけではなく、時には理解ある友達と雑談をする、たわいもない会話をする時間をとるように助言しましょう。

家族の介護負担を軽減するためには、**情緒的支援**（家族の気持ちに寄り添う支援）と**手段的支援**（介護保険サービスや手伝いなどの直接的な支援）の2種類が有効です。

情緒的支援

情緒的支援としては、介護職は、おもに家族の気持ちに応じた声かけを行います。ささいなことでもよいので、気がついたことを積極的に話しましょう。

家族の気持ちに応じた声かけの例

・がんばりすぎないでくださいね。私もみていますよ。
・ていねいな介護ですね。
・いつでも相談してくださいね。
・疲れたら休んでください。
・自分を大切にしてくださいね。大丈夫ですか？

手段的支援

手段的支援としては、特に、介護保険サービスを利用することで家族が一時的に休息の時間がとれるようにする**レスパイトケア**が大切です。レスパイトとは「休息」を意味します。家族は一時的に休息をとれることによって心身の疲労が回復し、ふたたび介護に向かうことができます。

表6-10 手段的支援に役立つ介護保険サービス等

- 通所介護（デイサービス）、短期入所生活介護（ショートステイ）、小規模多機能型居宅介護などの利用で休息時間をとる。
- 認知症の人の家族会に参加して、同じ介護をする仲間と交流する。
- 認知症カフェに出かけ、地域とのつながりを維持したり、専門職との出会いの場をつくる。　など

ポイント

- 介護負担の軽減のために、家族には積極的に声かけをするようにしましょう。
- レスパイトケアの重要性と、レスパイトケアとして利用できるサービスについて理解しておくことが大切です。

第 7 章

障害の理解
（障害の理解）

ねらい

障害の概念とICF、障害福祉の基本的な考え方について理解し、介護における基本的な考え方について理解する。

第1節 障害のある人の生活の理解

1 障害のある人の生活を学ぶ意味

　障害のある人は、生活のしづらさがあるので、1人ひとりに合わせた支援が必要です。障害があっても、それは「個性」という見方もでき、私たちと同じ社会のなかで生活しています。その人らしく生きることを支援するためには、ICF（国際生活機能分類）▶▶の考え方や基本理念（ノーマライゼーション▶▶、リハビリテーション▶▶、ソーシャルインクルージョン▶▶）にもとづくことが大切です。

　表7-1に示すように、障害者福祉制度を利用できる障害の種類は多岐にわたります。それぞれの障害の原因や身体的・心理的影響を理解し、障害のある人の生活とかかわり方を学びましょう。

表7-1　障害の種類

①	**身体障害**（肢体不自由（運動機能障害）、視覚障害、聴覚障害、言語障害、内部障害※）
②	**知的障害**
③	**精神障害**
④	**発達障害**
⑤	**高次脳機能障害**

※：内部障害には、心臓機能障害、呼吸器機能障害、腎臓機能障害、膀胱・直腸機能障害、小腸機能障害、ヒト免疫不全ウイルスによる免疫機能障害、肝臓機能障害がある。

2 仕事を進めるうえでの基本的視点

　介護職は障害のある人の気持ちを理解し、自立して生活できるように支援します。障害があってもできることがたくさんあります。障害のある人のもっている力

ICF（国際生活機能分類） ▶▶ 第2章第1節「ICF（国際生活機能分類）」参照
ノーマライゼーション ▶▶ 第2章第1節「ノーマライゼーション」参照
リハビリテーション ▶▶ 第4章第2節「リハビリテーション」参照
ソーシャルインクルージョン ▶▶ 社会の周辺に位置し、社会的に排除され孤立した人たちを社会の主流に戻すことを意味する。

を引き出し、自信をもてるように、本人の望む暮らしができるように支援します。表7-2は介護職がもつべき基本的視点です。

表7-2　介護職がもつべき基本的視点

① 障害のある人の生活ニーズを把握(はあく)して、それを解決していく姿勢
② 利用者の自立を支援すること
③ 障害のある人を取り巻く環境(かんきょう)や社会的な課題を理解すること
④ エンパワメント▶▶（障害のある人みずからの課題解決能力を高めること）とQOL（生活の質）▶▶を高めること

3 利用者にとっての障害とは

　人はさまざまな欲求を現実のなかで調整しながら社会生活を送っています。障害があることは、欲求を満たすさまたげになるかもしれません。病気や事故などによって障害がある状態になったとき、以前はできていたことができなくなることで、人は不安やストレスを感じ、自分を否定したり、生きる希望を失ってしまうことがあります。

　介護職は、障害のある人がその現実をどのように受けとめていくのかを理解する必要があります。障害があってもいろいろなことができることに気づき、自分の望む生活や人生を送るには、障害の受容にいたる道のりがあります。介護職は、その道のりのなかで適切な支援をすることが大切です。

身体障害▶p.186／知的障害▶p.194／精神障害▶p.195／発達障害▶p.196／高次脳機能障害▶p.197

エンパワメント　▶▶第2章第1節「エンパワメント」参照
QOL（生活の質）　▶▶第2章第1節「QOL（生活の質）」参照

身体障害

身体障害には、**肢体不自由（運動機能障害）**、**視覚障害**、**聴覚障害**、**言語障害**、**内部障害**があります。

肢体不自由（運動機能障害）

病気や事故などで、手足や胴体などの運動機能の中心になる部分に障害があります。原因の1つである脳性麻痺では、言葉が出にくいなど、音声・言語障害をともなうことがあります。ADL（日常生活動作）に介助を必要とすることが多く、移動のために車いすを使用するなど、福祉用具を使用することも多いです。

原因となるおもな病気など
- 脳性麻痺
- 妊娠中、出産時、出産直後に生じた脳の障害
- 脊髄損傷　など

生活上の留意点
- 本人の訴えを理解できるまでくり返し聞き、自己選択、自己決定をしてもらうことが大切です。
- 入浴、排泄、食事、着替えなどで移動が必要なときは、介助が必要になります。
- 背もたれ、クッションなどを使用し、姿勢を保ちます。

視覚障害

　視力が低下したり視野がせまくなったりするため、よく見えません。目がかすむ、ぼやける、まぶしい、だぶって見える、ゆがんで見えるなど、見え方の障害があります。色の区別がはっきりできない場合もあります。たとえば、視野の障害がある緑内障では、**図7-1**のように見え方が変化します。

図7-1　見え方の変化（右眼のみを示す）

初期　　　中期　　　末期

原因となるおもな病気

・白内障
・緑内障
・糖尿病
・網膜色素変性症　など

生活上の留意点

　視覚障害のある人は、移動の支援が必要になります。支援は身辺、家事、情報収集など、広範囲にわたります。そのため、視覚障害のある人が、何に困っているのか、どのような支援を求めているのかを確認する必要があります。また、身のまわりの物の位置の情報を提供し、自分でできることを増やすことも必要です。本人の意向は必ず確認しましょう。

・移動手段は、**白杖**による歩行、**ガイドヘルプ（手引き）**による歩行、盲導犬による歩行、点字ブロックを活用した歩行があります。
・コミュニケーションは、点字、音声言語、パソコンなどを利用します。

聴覚障害

聴覚障害は、聴覚の機能に障害があるため、会話や音が聞こえなかったり、聞こえづらかったりします。そのため、コミュニケーションに支障があります。

聴覚障害の種類
- **伝音性難聴**（外耳、鼓膜から中耳までの機能障害）
- **感音性難聴**（内耳の機能障害）
- **混合性難聴**（伝音性難聴と感音性難聴が両方ある場合）

生活上の留意点
- 聴覚障害では、**補聴器**（図7-2）の使用、**筆談**、**読話**▶▶、**手話**などを使って、コミュニケーションをはかります。
- 人生の途中で聴覚障害となった場合（とくに高齢者）については、手話などを覚えることはむずかしいため、筆談などすぐに使用できる方法が適しています。

図7-2　補聴器の種類

耳穴型　　耳かけ型　　箱型

読話 ▶▶ 第5章第1節「利用者の状態に応じたコミュニケーション」参照

言語障害

言語障害は、音声機能や言語機能に障害があるため、発声や発音がうまくできません。そのためコミュニケーションに支障があります。

言語障害の種類

・**失語症**（脳の損傷によって、話す・書く・聞く・読むことが困難になるもの）
・**構音障害**（発音にかかわる器官の障害によって、話すことが困難になるもの）

生活上の留意点

・失語症のある人で、言葉を発することがむずかしい人には、「はい」「いいえ」など**簡単に答えられるような質問**を工夫します。
・構音障害のある人には、**筆談、五十音表**など、文字を使ってコミュニケーションをはかります（図7-3）。
・文字で意思疎通がはかりにくい場合、絵や図でメッセージを示す工夫をします。

図7-3　言語障害のある人とのコミュニケーション方法

内部障害

内部障害は、からだの中の臓器の機能に障害があるものです。その種類として、**心臓機能障害、呼吸器機能障害、腎臓（じんぞう）機能障害、膀胱（ぼうこう）・直腸機能障害、小腸機能障害、ヒト免疫（めんえき）不全ウイルスによる免疫（めんえき）機能障害、肝臓（かんぞう）機能障害**があります。

心臓機能障害

心臓のはたらきが低下し、正常なリズムで全身に血液を送ることができませんので、**心臓ペースメーカー**を胸部にうめこみます。強い電磁波を発生する可能性のある機器類を近づけることは避（さ）けましょう。

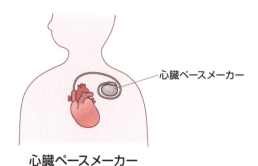

心臓ペースメーカー

呼吸器機能障害

呼吸器の機能が低下し、呼吸が十分にできなくなったときに**人工呼吸器**を使用します。このとき、感染予防が重要になります。風邪（かぜ）の予防のため、室内の空気清浄（せいじょう）を行いましょう。

人工呼吸器

腎臓機能障害

　腎臓の病気の場合、週に2回から3回、**人工透析**の治療をします。人工透析とは、腎臓のはたらきが低下したために、腎臓に代わって装置を使って血液をきれいにする治療方法です。**血液透析**と**腹膜透析**の2種類があります。食事の管理や十分な睡眠など生活習慣を整えるよう支援します。

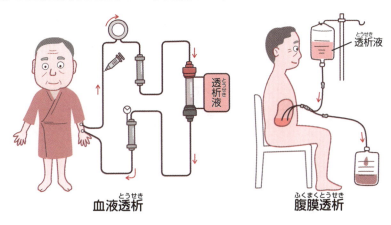

血液透析　　腹膜透析

膀胱・直腸機能障害

　膀胱・直腸の病気の場合、手術によっておなかに新しく、便や尿の出口をつくります。この出口のことを**ストーマ**といいます。ストーマには、人工肛門（便の出口）と人工膀胱（尿の出口）があります。ストーマのある人は、羞恥心や排泄物の漏れに対する不安があり、排泄が絶えず気になります。障害に対して強い否定的な感情をもちやすく、障害を受け入れられないことがあります。介護職の言動により、障害のある人に対して屈辱感を与えないように注意します。

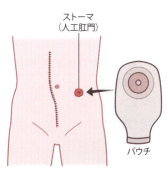

第7章　障害の理解

小腸機能障害

　小腸の機能が障害されると、口からの食事によって必要な栄養をとり入れ、消化・吸収ができない状態になります。そのため、**経腸栄養法**や血管から直接栄養を補給する**静脈栄養法**で対応します。静脈栄養法は、中心静脈栄養法と、末梢静脈栄養法の2種類があります。食事の楽しみが減るため、できるだけベッドから起き上がってもらい、楽しみや趣味をいかした活動を増やす支援が大切です。

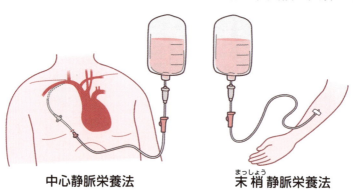

中心静脈栄養法　　　末梢静脈栄養法

ヒト免疫不全ウイルスによる免疫機能障害

　HIV（ヒト免疫不全ウイルス）の代表的な感染経路は、性交渉、注射針の共用、母子感染です。HIV感染者が治療をしないと、免疫力は徐々に低下します。HIV感染者は、弱い細菌やウイルスなどで感染症にかかることがあります。HIV感染者が治療しなければ、10年程度で**AIDS**を発症しやすくなります。介護職は、HIVの感染について正しい知識を理解しておく必要があります（**表7-3**）。

表7-3　HIVに感染する危険のない行為など

・同じ皿の食べ物を食べる	・電車のつり革に触れる
・軽いキスをする	・美容院に行く
・咳やくしゃみをする	・トイレの便座に座る
・握手をする	・コインランドリーを使う
・プールで泳ぐ	・公衆電話を使う
・蚊に刺される	・カラオケのマイクでうたう　など

肝臓機能障害

　肝臓機能障害の原因には、**C型肝炎ウイルス**、**B型肝炎ウイルス**、アルコール、胆汁のうっ滞、自己免疫、薬剤などがあります。**肝硬変**の原因は、C型肝炎が約70％、B型肝炎が約20％です。血液・体液を介して感染することで起こります。肝臓機能障害のある人は、からだの不調が多くみられます。また、さまざまな不安やつらさをかかえています。支援する際には、①プライバシーの保護に注意する、②病状を正しく理解する、③感染予防に注意することが大切です。

図7-4　肝臓機能障害の進行過程

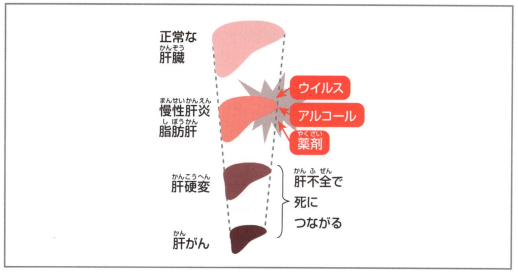

知的障害

　日本の法律では、知的障害とは何かということについて、明確に定義はしていません。厚生労働省が統計調査を行うときは、知的障害について「知的機能の障害が発達期（おおむね18歳（さい）まで）にあらわれ、日常生活に支障が生じているため、何らかの特別の援助を必要とする状態にあるもの」ととらえています（「知的障害児（者）基礎（きそ）調査」）。

　また、知的障害の原因となる**ダウン症候群（しょうこうぐん）**では、先天的な心疾患（しんしっかん）、難聴（なんちょう）を合併（がっぺい）している割合が多いです。ほかにも多くの合併症（がっぺいしょう）（眼科的な異常（屈折異常（くっせつ）や白内障など）、肺高血圧症（こうけつあつしょう）、頸椎（けいつい）の異常など）があります。

　知能に障害があっても、ユーモアやセンスがあり、できることがたくさんあります。

生活上の留意点

・わかりやすい言葉でコミュニケーションを行います。
・知能の状態は、重度から軽度まで幅（はば）が広いので個別性に合わせて支援します。
・本人の意思を確認し、参加する機会を増やします。
・意欲や主体的な行動を引き出すように支援します。
・自分で生活をコントロールできるように支援します。

むずかしい言葉は使わない

精神障害

身体的要因、心理的要因（ストレス）などによって、さまざまな精神症状、身体症状や行動の変化があらわれます。

おもな障害の種類

統合失調症、気分障害（**うつ病、双極性障害**）、**パニック障害**、不安障害、薬物依存症、パーソナリティ障害など

不安障害では対人不安などの症状がある

生活上の留意点

・こだわりや生活スタイル、考え方を認め、受けとめます。
・隠れた能力や長所をいかす生活支援をします。
・薬物療法を継続するため、薬の副作用を理解し、医療関係者と連携をはかります。
・うつ病の人については、安易なはげましは逆効果なので、絶対に行わないようにします。

発達障害

発達障害は、「発達期（低年齢）」から何らかの脳機能障害が考えられる特徴的な行動がみられます。適切な理解と配慮や支援等があれば、スムーズな日常生活や社会生活を送ることができます。

おもな障害の種類

発達障害の種類を明確に分けることはむずかしいです。それは、障害ごとの特徴に少しずつ重なり合う部分があるからです（図7-5）。また、年齢や環境により目立つ症状が異なるので、その時々で診断名が変わることも多々あります。

図7-5 発達障害の特性

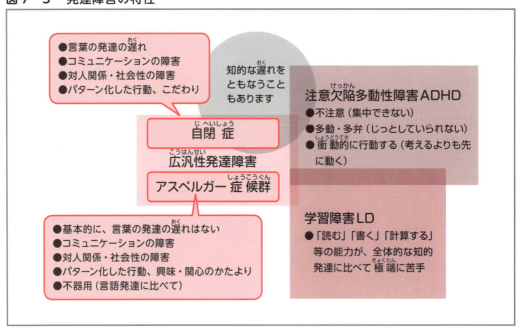

出典：厚生労働省「発達障害の理解のために」2008年

生活上の留意点

・室内の音や照明の光などの生活の変化に対するストレスが大きいです。

・注意が散りやすく忘れ物をしてしまうなどで自信をなくしやすいです。

・こだわりや誤解により周囲とコミュニケーションがかみ合わないことがあります。

高次脳機能障害

病気や事故などが原因で脳に損傷を受けた結果、以前にはみられなかったような行動・症状がみられることがあります（表7-4）。しかし、これらの症状は、一見したところではわかりにくく、本人も自分の状態に気づかない場合があります。

表7-4　高次脳機能障害の症状

症状	症状のあらわれ方
記憶障害	・新しいできごとや約束を覚えられない。 ・自分で物を置いた場所を忘れてしまう。 ・覚えられず、同じことを何度も質問する。
注意障害	・作業をしているときでも、ぼんやりとしている。 ・ミスが多い。 ・2つのことを同時にやろうとすると、混乱する。
遂行機能障害	・自分で計画を立てて実行できない。 ・人に指示されないと何もできない。 ・逆算して準備を進められず、約束の時間に間に合わない。
社会的行動障害	・子どもっぽくなる。 ・ある分だけ食べてしまう。 ・興奮しやすく、すぐに怒りだす。 ・相手の気持ちや状況に合わせた発言や行動ができない。

生活上の留意点

・買い物をする、調理をする、掃除をするといった手順の多い動作では、**記憶障害**や**注意障害**、**遂行機能障害**のため支援が必要となる場合がよくあります。
・予定の管理や1人暮らしの生活の管理など、生活全般を自己管理するためには、予定表や手順書などをいっしょに作成して活用するなどの支援を必要とします。
・できる限り本人が希望する自立した生活に向けて、その人に合った対処方法を考えて生活に取り入れます。

第2節 家族への支援

1 家族への支援を学ぶ意味

　障害のある人自身への支援にくらべ、家族への支援は軽く考えられる傾向にありました。そのため、**家族の心理**（悩み、困りごと、不安など）、ストレス、負担感といった側面についてはあまり目を向けられてこなかったのが実情です。また、虐待、育児不安、障害のある人自身と家族の高齢化による介護負担の増加など、家族との生活における問題が複雑さを増しています。障害のある人だけでなく、その家族自体が支援を必要としている場合も多くあります。

　まずは、家族への支援を、「自分が障害のある人の立場だったら」「自分がその家族の立場だったら」と考えてみることが大切です。本人と家族の双方の立場から支援を考えてみましょう。

2 仕事を進めるうえでの基本的視点

　障害のある人が地域生活を続けるためには、本人への支援と家族への支援のバランスが重要です。生涯にわたる支援が求められるため、「家族ぐるみの支援」を展開する視点が重要です（表7-5）。また、家族の**介護負担の軽減**も支援をするうえで大切な視点です。

表7-5　家族への支援の視点

① 家族への支援は大きな負担をになっている母親への支援が中心となる。
② 親以上に長いときをともに過ごすことになるきょうだいへの支援の重要性を認識する。
③ 親やきょうだいを支援するためのサービスだけでなく、地域の人々の理解や手助けも重要である。

3 障害のある人にとっての家族への支援の意味

　「家族への支援」は、家族を支援することのようにみえて、本質は障害のある人の生活を支援することであるといえます。「家族への支援」と聞いて、家族の負担軽減の側面だけ考えてしまうと、家族も障害のある人も本当は納得できないのに、しかたなくあきらめる生活に誘導してしまうおそれがあります。

　家族の気持ち、障害のある人の気持ちをそれぞれの立場になって考えてみて、どちらも納得できるような支援の選択肢を提案し、障害のある人と家族に何を選ぶのか決めてもらうことが重要です。

家族の心理 ▶p.200／介護負担の軽減 ▶p.201

家族の心理

　生まれた自分の子どもに障害があったとしたら、病気や事故が原因で家族が中途障害になったとしたら、どのような気持ちになるのか想像してみてください。障害のある人の家族の気持ちを理解することが、支援の第一歩につながります。

生まれた子どもに障害があった親の場合（例）

① 出生期には、医師の告知で大きな精神的ショックを受けます。子どもを心配する気持ちや、家族の夢を一度に失ってしまったような絶望を感じ、悲しみとも怒りともつかない感情がこみ上げることもあります。

② 乳幼児期は、リハビリテーションや療育の場などで同じ悩みや不安をもつ親に出会い、「苦しいのは自分だけじゃない」という安心感や心強さにより、気持ちが前向きになる傾向にあります。

③ 長い気持ちの葛藤を経て、「障害も子どもの一部であり、隠す必要はないのだ」と、子どもの存在を肯定できる傾向にあります。

家族が中途障害になった場合（例）

① 入院中は、だれにも家事や子育てを分担してもらえない場合は、仕事の疲れも重なってイライラしてしまうかもしれません。

② 退院後は、中途障害になった家族の介護が必要です。仕事、家事、子育て、経済的な問題などをになう苦労を聞いてもらえる相手が必要です。

ポイント

- 障害のある人の家族の気持ちは、その状況によって揺れ動きます。介護職はその気持ちを理解して支援につなげることが大切です。

介護負担の軽減

　自宅で生活する障害のある人の介護は、家族に大きな負担がかかるといわれています。日々、家庭で障害のある人の生活を支援している家族にとって、家庭での介護を続けるためにも、一時的に介護から解放されて、息抜きをするための**レスパイトケア**が必要です。

事例　障害のある子どもとその家族の支援

　重度の身体障害のあるAくん（小学校2年生）と母親は2人で暮らしています。生活保護によって生活していますが、母親の希望は、家に閉じこもる生活から解放され、外で働きたいということでした。また、母親もAくんも現在の学校生活を継続したいという希望がありました。そこで、放課後等デイサービスや日中一時支援事業での一時預かりを利用し、母親が帰宅するまでの時間を支援することになりました。これらの相談やサービスは介護職から紹介された障害児相談支援事業所の職員が行いました。

➡　この事例で重要なのは、母親の社会参加だけでなく、障害のある子どもの生活の継続にも注目した点です。家族の気持ち、障害のある本人の気持ちをそれぞれの立場になって考えることが大切です。「家族支援」は、家族の負担軽減の側面だけでなく、障害のある本人の生活の支援でもあります。

ポイント

- 「家族支援」を、障害のある本人と家族の双方の立場から考えてみることが大切です。

第 **8** 章

こころとからだのしくみ
（こころとからだのしくみと生活支援技術Ⅰ）

ねらい
介護技術の根拠となる人体の構造や機能に関する基礎的知識を習得し、生活援助中心型サービスの安全な提供方法等を理解する。

第1節 介護の基本的な考え方

1 介護の基本的な考え方を学ぶ意味

　老化や加齢にともなう障害があっても、その人らしい生活ができるようにするためには、利用者を主体にした支援が必要であり、その支援（介護）を行う介護職の役割は重要になります。

　介護とは、老化や加齢にともなう障害のため、自分らしい生活を送ることがむずかしくなった人に対し、地域社会で自立したその人らしい生活が継続できるように支援することといえます。

　介護職には、それぞれの利用者がその人らしく生活できるように、自分で考えて工夫した支援を行うことが求められています。そのためには、利用者の主体性を考えて介護するための知識や技術、感性が必要です。介護の仕事をするうえでの基本的視点・考え方を学びましょう。

2 仕事を進めるうえでの基本的視点

① 我流介護の排除

　一昔前の介護は、介護職1人ひとりが試行錯誤をくり返しながら、熟練した技や感受性、洞察力をえて経験を重ねていくものでした。しかし、この方法では長い年月がかかるうえ、すぐれた技術の理論は生まれてきませんでした。そのため、多様なニーズをもった利用者への介護は、**我流介護の排除**を意識する必要があります。

② 法的根拠にもとづく介護

　社会福祉士及び介護福祉士法の定義では、介護福祉士の行う介護は、「心身の状況に応じた介護」です。つまり、認知症の人の介護など、従来の身体介護にとどまらない心理的・社会的支援の側面も重視し、利用者の「こころ」と「からだ」の状況に応じた介護が求められています。介護職においても、こうした

法的根拠にもとづく介護を行うことが求められています。

　さらに、その介護を行うまでのプロセスは、介護過程▶▶として、科学的思考にもとづいて説明できる必要があります。1つひとつの介護行為の裏側には、知識や技術、倫理が統合化されているのです。

3 利用者にとっての介護の基本的な考え方

　訪問介護（ホームヘルプサービス）では、1人の利用者に対して、毎回同じ介護職がサービスを提供するわけではありません。しかし、介護職が我流で介護をしていたらどうなるでしょうか。

　利用者にとっては、同じサービスを利用しているのに、昨日の介護職と今日の介護職では、サービスの提供方法が違うといったことが起こってしまいます。これでは、利用者は安心してサービスを利用することができません。こうしたことを防ぎ、利用者が安心してサービスを利用できるためには、**表8-1**の2点が介護職には求められます。

表8-1　利用者が安心してサービスを利用できるために介護職に求められること

① 利用者の「こころ」と「からだ」の状況を理解し、それに応じて適切な介護をどの介護職も行える。
② 介護職がほかの介護職や医療職などと連携することによって、同じ方向を向いてサービスが提供できる。

我流介護の排除 ▶p.206／法的根拠にもとづく介護 ▶p.207

介護過程 ▶▶第10章第1節参照

我流介護の排除

「我流」とは自分独自のやり方、自己流といった意味です。介護職が行う介護は、我流を排除しなければなりません。これは、経験を積むことでえられる「コツ」や「カン」に頼ってはいけないということです。利用者の「こころ」と「からだ」の状況を観察し、**根拠にもとづいた介護**を行います。

事例　食事提供の場面

介護職は利用者Aさんの夕食をつくりましたが、Aさんの食事があまり進んでいないようです。なぜ食事が進んでいないのでしょうか？

【悪い例】コツやカンに頼った対応

またかあ。いつものことだけど、きっとおやつを食べすぎたのね。まあ、あとでおなかがすいたら食べてくれるわね。

【よい例】理由や根拠を考える対応

食欲がないのはどうしてかしら？　昨日や昼ごはんはどうだったのか、もう一度確認しよう。少しやせてきたみたいだから、入れ歯が合わなくなってる可能性もあるかもしれないわね。

ポイント

- 根拠にもとづいた介護を行うためには、基本となる知識や技術を学ぶと同時に、新しい考え方などを取り入れることも必要です。
- 根拠にもとづいた介護を行うことで、利用者のQOL（生活の質）が向上します。

法的根拠にもとづく介護

　社会福祉士及び介護福祉士法において、介護福祉士が行う「介護」は「**心身の状況に応じた介護**」（利用者の「こころ」と「からだ」の状況に応じた介護）と定義されています（表8-2）。そのため、介護福祉士が介護を行ううえでは、人間の「こころとからだのしくみ」についての理解が求められます。

表8-2　社会福祉士及び介護福祉士法（第2条第2項）における「介護」の定義

専門的知識及び技術をもって、身体上又は精神上の障害があることにより日常生活を営むのに支障がある者につき心身の状況に応じた介護（喀痰吸引その他のその者が日常生活を営むのに必要な行為であって、医師の指示の下に行われるもの（厚生労働省令で定めるものに限る。以下「喀痰吸引等」という。）を含む。）を行い、並びにその者及びその介護者に対して介護に関する指導を行うこと（以下「介護等」という。）

　また、同法において、介護福祉士は、利用者の「こころ」と「からだ」の状況などに応じて、福祉サービス等が適切に提供されるよう、福祉サービス関係者等と連携を保つことが規定されています（表8-3）。

表8-3　社会福祉士及び介護福祉士法（第47条第2項）における「連携」の規定

介護福祉士は、その業務を行うに当たっては、その担当する者に、認知症であること等の心身の状況その他の状況に応じて、福祉サービス等が総合的かつ適切に提供されるよう、福祉サービス関係者等との連携を保たなければならない。

　これらは介護福祉士について法律上定められているものですが、介護の仕事を行ううえでは、介護職もこの定義を理解しておく必要があります。

ポイント

- 介護職は、利用者の「こころ」と「からだ」の状況に応じた介護を行うことが求められています。

第8章　こころとからだのしくみ　207

第2節 こころのしくみ

1 こころのしくみを学ぶ意味

　よりよい介護を行うためには、より深く利用者を理解することが必要になります。

　社会とかかわりをもちながら生活を送っている人間は、自分のまわりの人や環境と影響を及ぼし合いながら、生涯発達しつづけるといわれています。同様に、人間のこころのあり方や行動もまた、人や環境と影響し合いながら変化していきます。

　高齢者の場合、それまで生きてきたなかでの家族関係、職業経験、社会的役割などが、その人のこころのあり方や行動に大きな影響を与えています。生き方が多様化している現在では、こうした経験自体に個人差があり、個別的な理解が必要になります。

　介護を必要とする高齢者と多くかかわる介護職が、利用者を理解するための基礎として、**高齢者の心理**を学ぶ意味はそこにあります。つまり、「高齢者とはこのような人だ」という一律なイメージで高齢者をとらえるのではなく、高齢者1人ひとりのこころのあり方や行動を個別的に理解するということです。

2 仕事を進めるうえでの基本的視点

① 感情と意欲の視点

　人間の**感情**は、日常生活において行動の原動力となる重要な役割を果たしています。また、人間の行動は、行動を起こす何らかの理由があって発生します。その何らかの理由により、「〜したい」と思う気持ち（**意欲**）が行動に結びつきます。このように、感情と意欲は、人間の行動に大きな影響を与えていることを知っておきましょう。

② 生きがいの視点

　自己を実現したいという欲求は、人間の欲求の特徴の1つです。この欲求を満たそうとするために、私たちは自分の可能性を十分にいかし、自分にできる最善を尽くそうとします。これが**生きがい**につながります。介護職は、このような利用者の思いにこたえるために、具体的な支援を行います。

3 利用者にとってのこころのしくみ

　介護を必要とする利用者のなかでも高齢者の場合、社会がもつ高齢者のイメージと高齢者自身による自己イメージとが大きく異なると、心理的にもネガティブな影響が強くなります。

　それ以外にも、老化にともなう身体的な変化、定年退職をはじめとする役割の喪失、友人・知人・家族の喪失などは、高齢者の心理に大きな影響を与えます。

　介護職は、利用者のこころのしくみをよく理解し、実際の介護につなげるようにします。

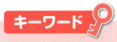

感情 ▶ p.210／意欲 ▶ p.211／生きがい ▶ p.212／高齢者の心理 ▶ p.213

感情

　私たちは喜びや楽しさ、満足感、安心感といったプラスの**感情**と、悲しさや怒り、気がかりなどのマイナスの感情をもっています。同じ体験をした人同士でも、同じ感情をもつとは限りません。

　注意が必要なのは、利用者が感情を出せているかどうかです。高齢者は、思っていることや感じていることを表に出せない場合が少なくありません。ストレスを感じていても、笑顔で元気そうにふるまう人やがまんしている人もいます。がまんやストレスにより、からだに症状が出る場合もあります。利用者の言葉だけで判断するのではなく、**表情やからだの調子を観察する**ことが大切です。

事例　利用者の感情を引き出す支援

　利用者Bさんは、介護職の仕事が気になって仕方ありませんが、その本音が言えません。しかし、だんだんストレスを感じはじめ、にこやかに介護職と接することができなくなりました。介護職はそんなBさんに気づき、「どうされましたか」と聞いてみたところ、食事の味や掃除の仕方が気になっていることを話してくれました。

　それを聞いた介護職は、Bさんが話をしてくれたことをありがたく思い、味つけや掃除の仕方がこれでよいかをBさんに聞きながら仕事を進めました。そのうちBさんの表情がだんだん明るくなるのを感じました。

ポイント

- 高齢者のなかには感情を出せない人もいます。からだに症状が出る場合もあるので観察が必要です。

意欲

　からだの機能の向上には**意欲**が深く関係しています。日ごろ、調子が悪いことが続くと、意欲は低下してしまいます。うつ病が隠れている可能性もあります。介護職は、自分でやってみようという気持ちになるように接することが大切です。

　しかし、意欲を引き出すのは、そう簡単ではありません。意欲をもつためには、その人のなかに「自分はこうありたい」という**欲求**があることが必要です。

　そして、その欲求が満たされるように支援し、持続させることを**動機づけ**といいます。たとえば、友人と食事に行きたいという欲求を満たすために、機能訓練を積極的に行うこともあります。さまざまな機能が低下していても、その人のもっている欲求を見つけることが大切です。

事例　利用者の意欲を引き出す支援

　Cさん（90歳、女性）は、加齢のため、からだが思うように動きません。もともと外出することが好きでしたが、最近はあまり外出しなくなりました。気分もすぐれないようすです。そのようすが気になった介護職が、これまでにCさんが出かけたさまざまな場所の話を聞くと、Cさんは生き生きと話しはじめて、表情が明るくなりました。また聞かせてもらう約束をすると、「待っているわ！」と元気に答えました。

ポイント

- 高齢者が意欲をもって生活できるよう支援することが大切です。

生きがい

高齢者だからといって、**生きがい**がないということは決してありません。多くの人は生きがいや喜びを感じています。高齢者が感じる生きがいは、趣味やスポーツ活動、家族との団らん、友人との食事会や雑談、おいしいものを食べる、などです。

たとえば、スポーツ活動をするためには日ごろの健康管理が必要です。友人に会う約束をしている日は、身じたくを整えおしゃれをして行くことで、気持ちはうきうきします。こうして生きがいをもつことによって、心身ともにQOL（生活の質）▶▶を高めることができます。

家族との団らん

事例 利用者の生きがいを支援する

Dさん（76歳、女性）は料理をするのが大好きで、家族においしい食事を出すのが生きがいでした。しかし、1年前、脳卒中の後遺症でからだの左側が動かなくなり、料理がうまくできなくなりました。Dさんはいつも、また料理をしたいと言っています。そこで、介護職がDさんのできないところを手伝って、いっしょに料理をすることにしました。すると、Dさんから「久しぶりに料理ができた。また、いっしょに料理をしてくださらない？」というリクエストがありました。

ポイント

- その人の生きがいが何かを見つけて、支援することが大切です。

QOL（生活の質） ▶▶ 第2章第1節「QOL（生活の質）」参照

高齢者の心理

　年をとると、からだは思うように動かなくなり、病気にもなり、親しい友人や親族との死別も経験します。仕事を退職すると経済力も低下してしまいます。自信や自尊心で満ちあふれていたのに、今度は**不安**や**喪失感**が増えていきます。

　しかし、自信や自尊心がなくなったわけではありません。高齢者の心理は、自信や自尊心と不安や喪失感が混ざった状態です。介護職は、利用者のこれまでの自信や自尊心を大切にしながら、不安や喪失感をともに受けとめることが大切です。

できることがある！

事例　利用者の自尊心を尊重する支援

　Eさん（80歳、女性）は肺がんになったことがわかりましたが、「これまでやってきたことを最期までやりつづけ、最期まで自分らしく生き抜きたい」という思いから、訪問介護（ホームヘルプサービス）を利用することになりました。

　Eさんの状態は少しずつ悪くなりましたが、それでも「できるだけ自分でやりたい」と手伝いを拒否していました。介護職は手伝うべきか大変悩みましたが、Eさんの自尊心を尊重して、楽しい話をしながら、Eさんを見守りつづけました。

ポイント

- 年をとると、不安や喪失感が増えていきますが、これまでもっていた自信や自尊心が失われたわけではありません。

第3節 からだのしくみ

1 からだのしくみを学ぶ意味

　介護職は、自分たちだけで利用者の生活を支援しているわけではありません。医師や看護師をはじめ、多くの専門職と連携しながら仕事を進めています。

　そうしたほかの職種と同じ会議に出席するとき、また、お互いに情報を共有したり伝達したりするときに、医学的な知識などが求められることがあります。

　そのとき、介護職にも基礎的な知識があると、ほかの職種との連携がスムーズになることがあります。**人体各部の名称**もその1つです。

　老化にともなって多くの病気をかかえる高齢者の場合、人体各部の名称とともに、人体各部のそれぞれがどのような役割を果たし、なぜ今はその役割が果たせなくなっているのかまで知っていれば、より具体的な介護につなげることができます。

2 仕事を進めるうえでの基本的視点

　介護職がもっとも多く訴えている健康障害は腰痛です。

　介護職の仕事は立っている時間と歩く時間が長く、移動や体位変換の介護などで利用者の身体を持ち上げたり、支えたりします。そのため、腰痛を引き起こすことが多くなりがちです。

　腰痛の予防と再発防止のためには、ふだんの日常生活から正しい姿勢をとるようにします。また、仕事の場面では**ボディメカニクス**の原則にもとづいて、腰への負担が少ない姿勢をとることが大切です。

3 利用者にとってのからだのしくみ

　介護職はほかの専門職と比べて、利用者に接する頻度と密度が高いといわれています。それだけ利用者の生活に深くかかわっていることを意味しているわけですが、だからこそ、**利用者のようすのふだんとの違い**に気づくことができるといえます。

　高齢者の場合、老化や病気にともなってからだにさまざまな変化を起こすようになります。しかし、その変化に自分で気づき、訴えることができないこともあります。

　そこで介護職は、利用者のからだの状況、表情、言動などに注意を向けて、ふだんとようすが違うところがないか観察することが大切になります。

> **キーワード**
> 人体各部の名称 ▶p.216／ボディメカニクス ▶p.218／利用者のようすのふだんとの違い ▶p.220

人体各部の名称

私たちのからだは、いろいろな部位に名前がついています。

大きく分けると頭部、頸部(けいぶ)、胸部、腹部、上肢(じょうし)、下肢(かし)です。

図8-1 人体各部の名称

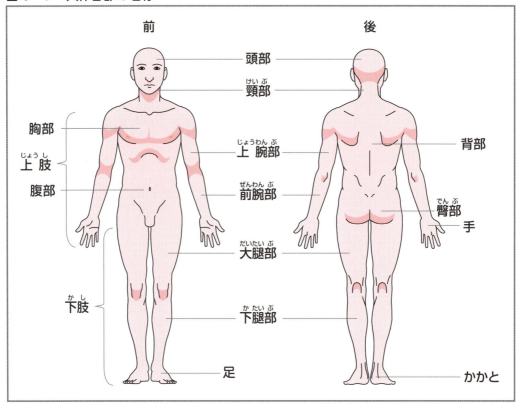

出典：黒澤貞夫・石橋真二・是枝祥子・上原千寿子・白井孝子編『介護福祉士実務者研修テキスト【第4巻】こころとからだのしくみ』中央法規出版、p.359、2015年を一部改変

各部位のおもな臓器には**図8-2**のようなものがあります。

これらの臓器がはたらくための栄養や酸素などを運ぶ血管は、全身にはりめぐらされています。また、からだ全体は皮膚や筋肉で保護されています。

図8-2 各部位のおもな臓器

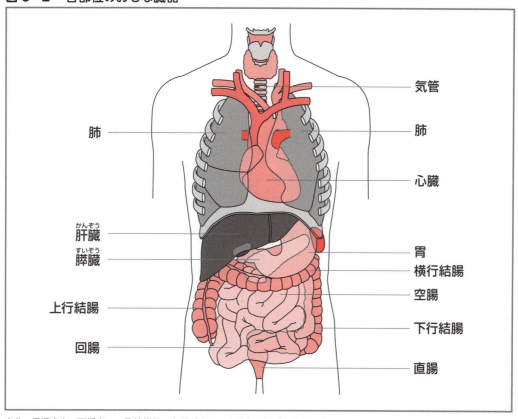

出典：黒澤貞夫・石橋真二・是枝祥子・上原千寿子・白井孝子編『介護福祉士実務者研修テキスト【第4巻】こころとからだのしくみ』中央法規出版、p.361、2015年を一部改変

ポイント

- 人体各部には名称があります。ほかの職種と連携する際や、緊急時に電話で指示をあおぐ際などに、正しく部位が理解できるよう覚えましょう。
- 人体各部の器官については、その名称を覚えるとともに、老化による変化▶▶についても振り返っておきましょう。

老化による変化 ▶▶ 第6章第1節「老化によるからだの変化」参照

ボディメカニクス

からだの運動に関係のあるいろいろな機能を自然に、無理がないように動かすことを**ボディメカニクス**といいます（**表8-4**）。日常生活のさまざまな動きのなかで、ボディメカニクスを意識しながら動くことで、疲労が減り、腰への負担も少なくなります。

表8-4　ボディメカニクスの原則

① 支持基底面積を広くする 　両足を開き、からだを支える面積を広くして、からだを安定させる。	
② 重心を低くする 　膝を軽く曲げ、腰を下げて重心を低くすることで安定し、動作が楽になる。	
③ 対象に近づく 　対象に近づくと、からだが安定する。	
④ 対象を小さくまとめる 　対象を小さくまとめると、からだを動かすときに楽になる。	

⑤　対象を水平に動かす 　　持ち上げないで水平に動かすことで、からだへの負担が少なくなる。	
⑥　動く方向に足先を向ける 　　足先を動く方向に向けることで、からだをねじらず、無理のない動作ができる。	
⑦　大きな筋群を使う 　　大腿部の筋肉など、大きな筋肉を使うと、対象を楽に動かすことができる。	

事例 ボディメカニクスを意識して腰痛を予防する

　Fさんはからだの小さな女性の介護職です。大きな男性を動かすことに自信がもてませんでした。そこで、Fさんはボディメカニクスを意識して介護をするようにしたため、腰痛には一度もなったことがありません。また、Fさんは荷物を運ぶときも同じようにボディメカニクスを意識しています。

ポイント

- ボディメカニクスは、腰を痛めないために必要なからだの使い方です。
- 実際に利用者を動かすことはしませんが、生活援助のなかで重いものを持ち上げることもありますので、ボディメカニクスを意識して、腰を痛めないように心がけることが重要です。

利用者のようすのふだんとの違い

　多くの高齢者は、いろいろな病気をかかえながら自宅で生活しています。病気が再発したり、ひどくなったり、ほかの病気にかかったりもします。そのため、まわりの人が「ふだんと違う」状態を見つけることが大切です。「ふだんと違う」状態とは、どのような状態なのかを身体面と心理面からみてみましょう。

脳卒中の場合
① からだの右半分か左半分がうまく動いていない。
② からだの右半分が動かない場合は、声をかけても話をすることができない。話ができても、ろれつがまわっていない。
③ よだれが出ている。　など
　➡ 命にかかわることがありますので、事業所のルールに従って救急の対応をします。

心筋梗塞の場合
① 胸のあたりを痛がり、顔色が悪い。
② 冷や汗が出て、意識がはっきりしない。　など
　➡ 命にかかわることがありますので、事業所のルールに従って救急の対応をします。

糖尿病の低血糖の場合
① 顔色が悪く、冷や汗が出ている。
② 手がふるえていたり、動悸を訴えている。
③ 集中力がなく、眠たそうにしている。
④ 意識がない。　など
　➡ 命にかかわることがありますので、事業所のルールに従って救急の対応をします。

骨折

① 痛みを訴える。
② 関節でないところが曲がっている。
③ 腫れていて、その部分を動かすことができない。
④ 骨が皮膚から飛び出て、出血している。　など
　➡　事業所のルールに従って救急の対応をします。

うつ病

① ふさぎこむ日が多くなった。
② やる気が出ないと言っている。
③ とくに午前中に訴えが多い。
④ おなかや頭が痛いという訴えがいつもある。　など
　➡　このような場合は、うつ病が隠れているかもしれません。事業所のサービス提供責任者▶▶や介護支援専門員（ケアマネジャー）▶▶に状況を知らせ、対応を考えます。

> **ポイント**
>
> ● 自宅で生活している人もいろいろな病気にかかりますので、ふだんとの違いを知っておくことが重要です。
> ● ふだんとの違いを知るためには、ふだんのようすやもともとかかえている病気を知っておきましょう。
> ● からだの不調を訴えていても、こころの病気かもしれません。全体のようすをよく観察しましょう。

サービス提供責任者　▶▶　第3章第1節「多職種連携」参照
介護支援専門員（ケアマネジャー）　▶▶　第3章第1節「多職種連携」参照

第 **9** 章

介護の仕事に必要な知識と技術

（こころとからだのしくみと生活支援技術Ⅱ）

ねらい

尊厳を保持し、その人の自立及(およ)び自律を尊重し、持てる力を発揮してもらいながらその人の在宅・地域等での生活を支える介護技術や知識を習得する。

第1節 生活と家事

1 生活と家事を学ぶ意味

　一般的に、洗濯や掃除、衣類の整理・被服の補修、調理、買い物などを家事と呼びます。家事は、生活に必要不可欠な行為で、家事ができなくなると健康で文化的な生活を送ることがむずかしくなります。そのため、高齢や障害により自分の力だけで家事を行うことがむずかしい人たちには、家事援助が必要となります。

　家事には、人それぞれのやり方があるため、その人の生活習慣やこだわり、価値観に合わせて援助する必要があります。また、家事を行うことは家庭での役割をもつことでもあるため、すべてを援助するのではなく、その人ができることはその人自身が行えるような援助をする必要もあります。

　家事は、経験者であればだれでもできる行為と思われがちですが、その人らしい生活を送るための大切な行為でもあるため、家事援助について学ぶ必要があるのです。

2 仕事を進めるうえでの基本的視点

　家事援助には、①**掃除**、②**洗濯**、③**ベッドメイク**、④**衣類の整理・被服の補修**、⑤一般的な**調理**、配膳・下膳、⑥**買い物**、⑦**その他の家事**などがあります。

　訪問介護（ホームヘルプサービス）の生活援助では、家事援助をその人の代わりに行うことが多くあります。家事援助の基礎知識を理解し、それぞれの家庭のやり方に合わせた援助を行うことが大切です。利用者のこれまでの生活の仕方を尊重し、利用者のもてる力を活用して生活を整えるように支援します。

　なお、正当な理由がなく、仕事のなかで知りえた利用者や家族の秘密を漏らしてはならないという秘密保持義務があります。

3 利用者にとっての生活と家事

　家事は、毎日くり返し行われるものです。長年家事を行ってきた人には、その人なりのやり方が身についています。介護が必要になっても、自分のやり方で家事を援助してもらえることは、本人に安心感をもたらします。

　家事をになうということは、家庭のなかでの役割をになうことでもあります。今までできていた家事ができなくなり、ほかの人の援助を受けるということは、役割を失うことになります。そうなると、生活は受け身になり、負い目を感じやすくなります。そのため、介護職には、利用者の自立を支援するための視点が求められます。

　介護職は、仕事のなかで、「もしかしたら利用者が自分で行えるのではないか」という気づきがあるかもしれません。そうした場合には、訪問介護事業所のサービス提供責任者▶▶などに報告し、ほかの介護職や医療職などによる自立支援につなげていく必要があります。そのためにも、利用者の心身の状況を観察し、状況に応じて多職種連携▶▶をしていくことが大切になります。できることが増え、家庭のなかで役割をもつことができれば、意欲もわき、生活にも活気をもたらします。

キーワード

掃除 ▶p.226／洗濯 ▶p.228／ベッドメイク ▶p.232／衣類の整理・被服の補修 ▶p.234／調理 ▶p.236／買い物 ▶p.238／その他の家事 ▶p.240

サービス提供責任者 ▶▶第3章第1節「多職種連携」参照
多職種連携 ▶▶第3章第1節「多職種連携」参照

掃除

掃除は、快適な生活をするために、ゴミやほこり、よごれなどを掃いたりふいたりして住まいの内外を清潔にすることです。掃除した清潔な住まいは、すがすがしく健康で安全な生活の場となります。利用者の生活の仕方を尊重し、掃除の援助を行います。介護職が勝手に判断して行わず、利用者に聞きながら行うことが大切です。

表9-1　掃除の意義

① 清潔を保つことにより、ほこりやかび等によって起こる病気等から身を守る。
② 清潔になることで、すがすがしい気分になり、生活意欲も高まる。

掃除の基本

掃除には、「室内の整理整頓」「掃き掃除」「ふき掃除」「ゴミ出し」などの作業があります。

室内の整理整頓

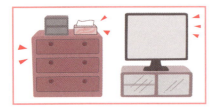

利用者の生活の場にある品々は、何1つ勝手に処分することはできません。利用者に必要な物、不要な物の確認をしながら行います。室内が整理整頓されると、気持ちが安らぎます。また、移動する際に物に当たることや転倒の危険もなくなり、安全が確保されます。

掃き掃除

利用者に聞いてから作業に入ります。ゴミやほこりをほうきで掃き、掃除機で目に見えない部分も清潔にします。窓や戸を開け、隅々まできれいにします。ほうきやちり取り、掃除機の保管場所は最初に確認し、作業終了後は片づけます。

ふき掃除

ふき掃除は、掃いただけでは取り除けないほこりやしみついたよごれを、濡れたぞうきん等で落とし清潔にします。床にワックスをかけたり、よごれ落とし用の液剤等を使用することもありますが、生活援助の作業ではここまでは行いません。

ゴミ出し

利用者が出しやすいように、小分けにしてゴミ袋に入れ、口を結び、指定の曜日に出せるようにします。

😊 事例 麻痺のある利用者への掃除の援助

Aさん（80歳、男性）は、1人暮らしです。昨年、脳梗塞を発症し、右手足に軽い麻痺があり、片づけが十分行えない状態です。台所のテーブルやAさんのいすのまわりは、食品や生活用品を販売している店のビニール袋がたくさん置いてあります。Aさんは「すぐ手の届く所に置けば安心だ」と言っています。介護職はAさんとの会話の語調や表情をみながら、ビニール袋の整理を提案しました。袋をふんで足をすべらせたり、中身を忘れたりする可能性を、Aさんに気づいてもらえるように話しました。すると、Aさんは片づける気持ちになりました。

ポイント

- 利用者の生活の仕方を尊重し、介護職の判断のみで不要と思われる物を処分したり、整理したりしないことです。必ず利用者に確認し、同意をえてから行います。
- 窓のガラスみがきや床のワックスがけなどは、日常的に行われる掃除の範囲を超えるため、生活援助では行いません。

洗濯

洗濯は、衣類や繊維類を洗い、よごれを落とし清潔にすることです。洗濯をして清潔な衣類を身につけたり、洗濯した寝具類で寝ることは爽快感があり、健康維持にも重要です。

個人差がありますが、高齢になると洗濯がおっくうになりがちで、清潔感覚が低下することがあります。衣類や寝具類の洗濯をうながし、清潔な生活が送れるように支援しましょう。

表9－2　洗濯の意義

① 清潔な衣類を身につけることで、社会参加に積極的になる。
② 衣類や寝具類などの洗濯をしてさっぱりすると、生きる意欲が向上する。

また、洗濯の援助については、介護職が洗剤の種類や漂白剤の種類と特徴について理解していることも重要です（**表9－3**、**表9－4**）。不適切な洗濯方法で、利用者の衣類をいためたりすることがないように注意しましょう。

表9－3　洗剤の種類

種類	原料	液性	適する繊維の種類	形態
石けん	天然油脂	弱アリカリ性	綿、麻、合成繊維など	固形 粉末 液体
合成洗剤 （石けん以外のもの）	石油	弱アルカリ性	綿、麻、合成繊維など	粉末 液体
		中性	毛、絹、綿、麻、合成繊維など ※「毛、絹」は弱アルカリ性洗剤で洗えない。	液体

出典：介護福祉士養成講座編集委員会編『新・介護福祉士養成講座6　生活支援技術Ⅰ　第4版』中央法規出版、p.258、2017年を一部改変

表9-4 漂白剤の種類と特徴

種類		特徴
酸化漂白剤	塩素系	綿・麻・アクリル・レーヨン・ポリエステル・キュプラの白物衣料に使える。 酸性タイプのものと混ぜると有害な塩素ガスが発生するので危険である。
	酸素系	水洗いできる白物、色物、柄物の繊維製品（木綿、麻、毛、絹）に使える。 冷水より温水のほうが早く効果が出る。 衣類の除菌・抗菌・除臭や、しみ・部分よごれ（食べこぼし、調味料、えり・袖口、血液など）の漂白ができる。 赤ちゃんの衣料の漂白にも使える。 ※毛・絹の衣料の場合は中性洗剤を使う。
還元漂白剤		すべての白物衣料に使える。 酸化漂白剤で落ちないしみが落とせる。

出典：介護福祉士養成講座編集委員会編『新・介護福祉士養成講座6 生活支援技術Ⅰ 第4版』中央法規出版、p.259、2017年を一部改変

洗濯の基本

洗濯のプロセスは、「洗濯物の仕分け」に始まり、「洗濯方法を選ぶ」「洗濯する」「干す」「たたむ・収納する」の順に行います。

洗濯物の仕分け

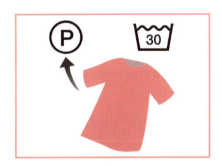

水洗いできるものか、ドライクリーニングに出すものか仕分けをします。洗濯表示を見て確認しましょう。水洗いできるものは、さらに、白物、色物、汚物が付着したものに仕分けします。

洗濯方法を選ぶ

洗濯機にはさまざまな機能があります。洗濯コースや洗剤の量など、利用者のこだわりがありますので、必ず確認しましょう。

洗濯する

色物は、色落ちしないか確認してから洗います。白物は、汚染部位が目立つので、つまみ洗いしてから洗濯機で洗います。

汚物のついた衣類は、感染症の原因にもなるので、直接触れないようゴム手袋を使用します。

干す

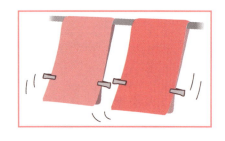

洗濯物を取り出し、しわを伸ばして干します。洗濯表示を確認するとともに、屋内・屋外で干すのか、または乾燥機で乾かすのかを利用者に確認します。洗濯ハンガーを用いる際は、利用者がはずしやすいように、洗濯ばさみを浅めにする工夫をします。

たたむ・収納する

洗濯物が乾いたらたたみます。たたみ方は利用者のこだわりがありますので確認しましょう。また、収納する場所を利用者に確認し、収納しましょう。

😊 事例　関節リウマチのある利用者への洗濯の援助

　Bさん（78歳、女性）は、1人暮らしです。関節リウマチによって、からだの各関節に痛みがありますが、変形はありません。重い物を持つことや細かな作業は困難です。介護職はBさんの同意をえて、寝具類を洗濯しました。布団カバーを布団からはずすことは介護職が行います。介護職はBさんに確認したうえで、布団カバーを洗濯機に入れ、洗剤を1杯分入れて、おまかせコースのボタンを押しました。洗い上がったあと、室内の物干しスタンドに干しました。洗濯物の取りこみと収納は、次回訪問時に行います。Bさんに確認し、収納タンスから清潔な布団カバーを取り出し、布団にかけました。

ポイント

- 洗濯物の仕分けの仕方や洗い方、干し方、取りこみ方、たたみ方、収納の仕方などは、利用者のこれまでの生活の知恵やこだわりがあります。利用者の同意をえてから作業することが大切です。

ベッドメイク

ベッドメイクは、快適な睡眠▶▶をとるために大切な技術です。季節に合わせてその時々の気候に合った寝具を整えます。

表 9-5　ベッドメイクの意義

① 快適な睡眠のために、寝具やベッドまわりを清潔にして、環境を整える。
② 快適な睡眠は疲労回復やストレス解消をうながす。

ベッドメイクの基本

寝具の管理

シーツや枕カバーは、睡眠中にかく汗や皮脂などのよごれがつくので、週に1度程度の洗濯で清潔にします。タオルケットや布団カバーなども週に1度程度は洗濯します。布団は、週に1度程度は日中に天日干しをするとよいでしょう。

シーツの交換

洗濯した清潔なシーツをしわのない状態に仕上げることが大切です。シーツを広げて頭側と足側から均等に引き寄せしわを伸ばし、敷布団やマットを包むようにシーツの端を下に入れこみます。

❶ シーツをマットレスから引き出して、よごれた面を内側にして丸めます。

❷ ゴミを取り除き、新しいシーツを上に敷きます。シーツの中心線とベッドの中心線を合わせ、残り半分は古いシーツの下に入れます。

❸ ベッド側面のシーツは頭側、足元側の順にコーナーをつくります。真ん中の垂れたシーツをマットレスの下に入れます。シーツは、しわやたるみをつくらないようにしっかり伸ばします。ベッドの反対側へ回り、古いシーツを取り除きます。

❹ 新しいシーツの残り半分を❸同様に整えます。

快適な睡眠 ▶▶ 第9章第5節参照

ひざを床につけない

　居室の床は、ほこりなどでよごれている可能性があります。床に膝をつくと、介護職自身が感染源になってしまう危険性があります。

事例　ベッドメイクの援助

　利用者のCさん（79歳、男性）は、昨年妻を亡くして1人暮らしです。Cさんは、ベッドではなく慣れた布団で寝たいと言っています。Cさんは持病の喘息で、よごれたシーツを交換することは負担になります。介護職はCさんに清潔なシーツに交換することを確認し、綿ぼこりをたてないように、手際よくシーツ交換をしました。枕、毛布、かけ布団も同様に、Cさんに確認してから整えました。

ポイント
- ベッドメイクは快適な睡眠環境を整えるために大切です。

衣類の整理・被服の補修

　四季があるため、**衣類**は季節によって替える必要があります。適切に整理・保管しないと、大切な衣類をいためることになります。また、整理・保管の仕方が不適切だと、健康被害をきたしかねません。また、衣類は、利用者の生活習慣や経験によって好みがあります。介護職の価値観や好み等で判断しないようにします。清潔で社会性を保った衣類の着用に配慮します。

表9-6　衣類の整理・被服の補修の意義

① 人は暑さ、寒さからからだを守るために衣類を身につける（体温調節等）。また、衣類を身につけることで、外部からのよごれを防ぎ、皮膚を清潔に保っている。
② 社会的習慣に合わせ、好みに合った衣類を自己表現として身につけている（ふだん着、外出着、寝まき、冠婚葬祭など、その場にふさわしい衣類）。

衣類の管理の基本

衣類の整理・保管

　衣類は、上着、下着、靴下などに分けて整理・保管します。寝まきも分けて保管します。季節ごとに長期に保管する場合は、透明の衣装ケースなどを利用すると、収納の内容も見え、湿気やほこり、害虫などの侵入も防止できます。

防虫・かびの予防

　衣類につく害虫を予防することも大切です。衣装ケースの場合、衣類の上側に防虫剤を置きます。防虫剤はナフタリンや樟脳が一般的ですが、使い勝手や香料などの好みもあるので、利用者に確認をして選択し、使用します。

被服の補修

被服の裾のほつれ、やぶれ、ボタンのゆるみ等を補修します。ほとんどは裁縫の基本的な技術で対応できます。

衣類の廃棄

あまりにもよごれてしまい洗濯ができないものや、布地が切れて補修できないものなどは、利用者や家族の同意をえて廃棄する必要があります。

ただし、「思い出の品」であることもありますので、利用者に聞きながら、着られないものは別にして保管するなどして整理をします。

事例 利用者に配慮した被服の補修

利用者のDさん（75歳、女性）は、若いころから身なりには気をつかい、今でもふだんから身なりを整えて生活しています。白内障による視力の低下があり、ズボンの裾のほつれに気づかないようです。Dさんのようにこれまで身だしなみを整えて生活してきた人にとっては、ズボンの裾にほつれがあるなどの指摘を受けることは、大変はずかしいことです。

介護職は、Dさんに十分配慮して声かけを行い、上衣のよごれやズボンの裾のほつれを知らせました。ズボンの裾のほつれは、Dさんの同意をえて、整理ダンスの上に置いてある針箱を使い補修しました。

ポイント

- 四季に合わせて衣類を整え、適切に整理・保管することによって、気候に合わせて体温調節ができるとともに、衣類の損傷を防ぎ、安心して着てもらうことにつながります。

調理

　人は**食事**をすることで、生命を維持し、健康な生活を営むことができます。食材の栄養価などを知ることで、健康を維持するための食事をつくることができます。利用者の生活を尊重し、嗜好や食材、調理の仕方等のこだわりに合わせつつも、不足な栄養がおぎなえるように**調理**しましょう。

表9-7　調理の意義

① 食べることは、人が生きるための基本的な行為である。
② 調理の目的は、食べ物を食べやすくし、栄養を効率的に摂取できるようにすることである。
③ 豊かな食生活は、生きる意欲や喜び、健康なからだづくりにつながる。

調理の基本

　利用者が食べたいものを自分で決めることは、自立支援への第一歩です。調理のプロセスは、「献立を決める」ことに始まり、「食材の準備」「下ごしらえ」「調理・味つけ」「盛りつけ・配膳」「後片づけ」の順序で進みます。

献立を決める

　理想は栄養バランスのとれた食事となります。和食であれば「一汁三菜」が基本です。「**食事バランスガイド**」を活用しましょう。

　希望をうまく出せない利用者には、旬の食べ物について話したり、複数の献立を提案することも必要です。

食材の準備

　食材の準備を利用者や家族ができるかを確認します。調理に使用する食材を選び、使用する調理器具を準備します。利用者の居宅にある調理器具を使い、食材や

調理の仕方などを確認しながら応用・工夫して行うことが必要です。

下ごしらえ

食材のよごれをしっかりと落とします。きのこ類はうま味が流出しやすいので、手早く洗います。食材は、切り方によって食感が変わります。野菜は、繊維を断つように切るとやわらかくなり、繊維にそって切ると歯ごたえが出ます。

調理・味つけ

調理のなかで、味つけはいちばんのポイントですので、どのくらい調味料を入れるのかを利用者に確認します。そのうえで、介護職が味つけしたときは味見をしてもらいましょう。高齢になると誤嚥▶▶しやすくなるので、食材の調理を工夫します。

盛りつけ・配膳

彩りよく盛りつけると見た目がよく、食欲が増します。一汁三菜の場合は、奥は左側から副菜、主菜の順に、手前は左側からご飯、汁物の順に配膳します。

事例　調理の援助

利用者のEさん（75歳、女性）は、冷蔵庫内の野菜で煮物をつくってほしいと言っています。Eさんの同意をえて、冷蔵庫の扉を開け、ニンジン、ジャガイモ、油揚げ、鶏肉の細切れを取り出しました。材料の切り方、味つけの好みを確認し、できあがったところでEさんに味見をしてもらい、盛りつけました。

ポイント

- 利用者の居宅を訪問して行う調理は、必ず利用者の行っていた調理方法を確認して行います。

誤嚥 ▶▶ 第9章第4節「咀嚼・嚥下」参照

買い物

家庭生活を営むためには、必要な物品を買いそろえることになります。毎日の食事に必要な食材や調味料、日常生活に必要な日用品や消耗品の購入など、日々の暮らしにおいて**買い物**は欠かすことができません。

どのくらいの予算で、どのような物をどれだけ購入するのかを考えて買い物をすることは家庭経営としても重要です。

表9-8　買い物の意義

① 日常生活を営むうえで、食料品や日用品を購入して整えることは、日々の豊かな生活と生命の維持に欠かすことのできない大切なことである。
② 買い物の代行によって、利用者が自分の好みの商品を手に取り選ぶことは、社会参加のきっかけにもなる。

買い物の援助の基本

買い物の援助では、**日常生活を営むための買い物**の代行をします。利用者の居宅の近くの店で購入すること、**利用者の居宅から買い物に行くこと**が基本です。お金を預かり、購入した商品を渡し、おつりを返すなど、介護職の信頼性にもかかわりますので、慎重にていねいに対応することが求められます。

買い物の手順

❶ 利用者が言う商品名をメモします。

❷ メモした商品名を読み上げて、利用者に「これでよろしいですか」と確認して同意をえます。

❸ 依頼を受けた商品がない場合は、同じような商品を「購入するのか？　購入しないのか？」を確認してメモします。

❹ お金を手渡されたら、利用者に「○○円お預かりしました」と言い、預かった金額をメモします。

❺ 「買い物に行ってまいります」と言い、出かけます。商品を購入します。

❻ 商品を購入後、帰ります。購入した商品とメモした依頼商品を照らし合わせて読み上げ、利用者に確認してもらいます。

❼ レシートで、各商品の金額と合計金額を確認し、利用者におつりの金額を確認してもらいます。

事例 外出に不安のある利用者への買い物の援助

Fさん（80歳、女性）は、両膝ともに膝関節症があり、1人での外出に不安があります。そこで、介護職が、Fさんの買い物を援助することになり、Fさんの自宅近所のスーパーでトマト、ホウレンソウの購入を依頼されました。介護職は、Fさんにトマトの大きさと数、ホウレンソウがないときは似た野菜でよいのかを確認し、預かった金額をメモして出かけました。購入して戻ったら、レシートと商品を確認し、Fさんに合計金額を伝え、おつりを渡しました。

ポイント

- 記録には、必ず、預り金額・商品購入合計額・おつり金額を記載しましょう。

その他の家事

　高齢や障害等により、日常生活において自力で行うことが困難な家事はたくさんあります。たとえば、窓ガラスみがき、草むしり、庭の草木の水やり、同居する息子のための調理などです。しかし、これらの家事は、生活援助ではサービスとして提供することができません（**表9-9**）。

　生活援助の範囲に含まれない家事に対する要望がある場合は、サービス提供責任者に報告しましょう。自費での家事代行サービスの利用や、住民が主体となって提供されるサービスなどの利用となります。

> **事例** 自費での家事代行サービスの利用

　Hさん（79歳、女性）は、1人暮らしです。昨年、転倒した際に右手首を骨折し、痛みがあり力が入りません。腰痛もあります。買い物は、介護職に代行してもらっています。

　Hさんはきれい好きですが、腰痛や右手首の痛みがあり、住まいの整理整頓や掃除が思うように行えません。介護職は、掃除機のかけ方、床のふき方等を確認しながら掃除を行いました。窓ガラスみがきや草むしりは、自費での家事代行サービスの利用できれいにしました。草木の水やりは、隣の奥さんが手伝ってくれています。

表9-9 生活援助の範囲に含まれない家事

家事の種類	内容
調理	・利用者本人以外の分の調理 ・手のこんだ調理 ・治療食等の特段の専門的配慮をもって行う調理 ・正月や節句等の特別な季節料理
掃除	・利用者本人以外が使用する場所の掃除 ・ふだん使わない場所の掃除 ・大掃除、大きな家具等の移動、模様替え ・庭掃除、草むしり、植木や草花の手入れ ・自家用車の洗車・清掃
洗濯	・利用者本人以外の分の洗濯 ・家庭用洗濯機で洗えない物（ドライ品等）
寝具の整頓	・利用者本人以外の人の寝具にかかわること
買い物	・利用者本人以外の人が使用する物 ・お歳暮等の贈答品
その他	・室内外の大工仕事 ・ペットの世話 ・金銭および財産管理 ・来客の応接 ・年賀状等の季節状や案内状書き ・公共機関や公文書等への代理人行為

資料：「訪問介護におけるサービス行為ごとの区分等について」（平成12年3月17日老計第10号）
「指定訪問介護事業所の事業運営の取扱等について」（平成12年11月16日老振第76号）

ポイント

●生活援助では提供できない家事援助の要望は、介護職が判断・対応せずに、サービス提供責任者に連絡しましょう。

第2節 住環境の整備

1 住環境の整備を学ぶ意味

　人は、住まいを拠点として日々の生活を送っています。住まいは、家族と生活をする場であり、自然災害などから生命・財産を守る役割もあります。住まいは、プライバシーが守られ、精神的満足感や安心感をもたらすものでもあります。しかし、住環境が整っていないことがストレスになることもあります。また、住環境を整えないと、転倒・骨折などの事故を引き起こし、それが原因で介護が必要な状態となってしまうこともあります。

　階段の上り下りが年をとるとともにつらくなるように、若いころには気にならなかった住環境も、年をとり身体の機能が低下してくると、不自由を感じるところが出てきます。そのため、高齢者の身体状況に合わせて**住環境**を整備する必要があります。玄関や廊下、階段や浴室など、それぞれの場所によって気をつけるべきポイントがあります。また、年をとると視力が低下したり、目の病気にかかったりすることもあるため、色や照明に配慮しなければなりません。

　高齢者が長年住み慣れた地域や家で生活を続けるためには、安心で安全な住環境整備の知識を身につけ、援助する必要があるのです。

2 仕事を進めるうえでの基本的視点

　家庭内で起こる事故の種類には、①転倒事故、②転落・墜落事故、③衝突事故、④溺水事故、⑤はさまれ事故、⑥落下物による事故、などがあります。介護職は、これらの事故を予防する必要があります。また、においや音、照明にも配慮が必要です。

　廊下に手すりがついていたり、バリアフリーになっていたりと環境が整っていたとしても、気をつけていないと事故は起こります。床が濡れてすべりやすくなっていないか、手すりは壊れていないか、落下する危険のある物や家具はないか、ぶ

つかるとけがをする危険のある突起物がないか、などを確認する必要があります。

3 利用者にとっての住環境の整備

　家庭内で起こる事故の代表的なものに、転倒・転落があります。転倒・転落は、生命にかかわることがあります。また、亡くなるまでにはいたらなかったとしても、高齢者は骨がもろくなっていることも多いため、転倒は骨折につながり、入院している間に筋力がおとろえ、いわゆる「寝たきり」の状態になってしまうこともあります。寝たきりの状態になってしまうと、住み慣れた地域や家で生活を続けることができなくなってしまうかもしれません。

　事故防止だけでなく、住まいは安心できる場所でなければなりません。自分の居場所があり、プライバシーが守られ、家族と話ができ、快適な生活を送れるように環境を整えることで、精神的にも満足し、安心して暮らしていくことができるのです。

家庭内で起こる事故 ▶ p.244 ／ 住環境 ▶ p.246

家庭内で起こる事故

　家庭内における不慮の事故による死亡者数は、65歳以上の人が多くを占めています。死因の多くは「不慮の溺死および溺水」「不慮の窒息」「転倒・転落・墜落」となっています（厚生労働省「平成29年人口動態統計」2018年）。

　家庭内で起こる事故は、事故を起こしやすい家の構造と生活習慣が関連しています。家庭内で起こる事故の内容をみると、環境を改善することで防げることがあります（表9-10）。また、ウォーキングなどで身体機能の維持を心がけることも事故の予防につながります。

表9-10　家庭内で起こるおもな事故とその対策

転倒事故	階段に手すりを設置する、足元灯をつける、風呂場にすべり止めのタイルや床材を使用する、敷居の段差をなくす、など。
転落・墜落事故	床面の摩耗や損傷を修繕する、手すりやフェンスを設置する、階段の形状や勾配を考慮する、など。
衝突事故	突起部分をつくらない家具の配置、ガラスの使用場所や素材に配慮する、鋭利な角には緩衝材を使用する、など。
溺水事故	浴室内に手すりを設置する、浴室と脱衣所の温度差を少なくする、など。
はさまれ事故	ドアクローザーを設置する、余分な開口部や隙間を設けない、など。
落下物による事故	家具や棚には重量物は置かないようにする、家具は転倒防止用具で固定する、照明などは落下防止措置を行う、など。
窒息事故	食事は細かくきざむ、とろみをつける、よくかんでゆっくり食べる、など。

出典：黒澤貞夫・石橋真二・是枝祥子・上原千寿子・白井孝子編『介護職員初任者研修テキスト【第2巻】自立に向けた介護の実際』中央法規出版、p.91を一部改変

家庭内で事故を起こしやすい家の構造と生活習慣の例

・1人暮らしや、1人で過ごす時間が長い。
　➡ 事故が起こっても発見されにくいです。
・浴室の脱衣所に暖房がなく、冬が寒い。
　➡ 寒暖差がヒートショック▶▶の原因になります。高齢者や高血圧、糖尿病、肥満、動脈硬化症などがある人は、留意が必要です。
・自宅内に段差が多く、片づけができていない。
　➡ 高齢や障害等により、下肢機能が低下すると少しの段差にもつまずき、転倒の危険があります。
・手すりのない急な階段を上って2階に行き来している。
　➡ 転落の危険があります。
・歯ごたえのある食品を好んで食べている。
　➡ こんにゃくやタコ、餅などの食品は、窒息の要因になります。

ポイント

● 家庭内で起こる事故を防止するには、家の構造や生活習慣の改善が必要です。

ヒートショック▶▶ 温度差が大きい場合に、血圧が急激に上がったり下がったりすることで心臓に負担がかかり、心筋梗塞や脳血管疾患などを引き起こすこと。

住環境

人の生活は、「住まい」を拠点に展開されています。住まいの快適さは、QOL（生活の質）▶▶を大きく左右するといえます。**表9-11**のように、健康を支える快適な住まいのために配慮しましょう。

不都合な住環境が生じれば、利用者の状態に合わせて必要な改善を考えます。たとえば、介護保険制度の**住宅改修**や**福祉用具貸与、特定福祉用具販売**（**表9-12**）を利用することにより、住環境を安全かつ快適になるように改善することもできます。

表9-11　快適な住まいのための配慮

① かびや生活害虫が発生しないように対策をする。
② 飲料水が管理されていること、排水処理が適切に行われていることが大切である。
③ ゴミの処理で害虫や悪臭が発生しないようにする。
④ 不快な臭気が室内にこもらないように、換気することが大切である。
⑤ 生活騒音や振動などで近隣に迷惑をかけないように配慮する。
⑥ 居室内に外の光を十分に取り入れるようにする。照明の明るさも確保する。
⑦ 室内の安全対策は、転倒・転落に留意し環境を整える。

表9-12　介護保険制度の福祉用具の給付対象種目

福祉用具貸与	特定福祉用具販売
・車いす ・車いす付属品 ・特殊寝台 ・特殊寝台付属品 ・床ずれ防止用具 ・体位変換器 ・手すり ・スロープ ・歩行器 ・歩行補助つえ ・認知症老人徘徊感知機器 ・移動用リフト（つり具の部分を除く） ・自動排泄処理装置	・腰掛便座 ・自動排泄処理装置の交換可能部品 ・入浴補助用具 　入浴用椅子 　浴槽用手すり 　浴槽内椅子 　入浴台 　浴室内すのこ 　浴槽内すのこ 　入浴用介助ベルト ・簡易浴槽 ・移動用リフトのつり具の部分

QOL（生活の質） ▶▶ 第2章第1節「QOL（生活の質）」参照

利用者にとって安全で安心な住環境を整えた例

・門扉から玄関までのでこぼこ道
  ➡ 平らに改善するとつまずく心配はありません。転倒の危険は避けられます。
・玄関先の段差
  ➡ 段差の昇降がむずかしいときは、手すりやふみ台を設置すると転倒の危険は避けられます。
・廊下から居間や台所に入る際の敷居の段差
  ➡ 敷居の段差を解消すれば、つまずいて転倒する危険は避けられます。
・2階のベランダに行くための階段
  ➡ 階段に1段ごとにすべり止め材を貼り、手すりを設置すると安全に昇降できます。
・開けると後ろに転びそうになる浴室やトイレの扉
  ➡ 扉を引き戸にしたり浴室扉は折れ戸にすると安全です。

ポイント

- 住環境を利用者の状態に合わせて改善するために、介護保険制度の住宅改修や福祉用具貸与、特定福祉用具販売を利用することができます。
- 快適な住環境を整えることは、安全で安心な生活を送るうえで大切なことです。

第3節 移動・移乗の介護の基本

1 移動・移乗の介護を学ぶ意味

　人は、移動することができなければ、食事や排泄、入浴や着替えなどを自立して行うことができません。朝起きてトイレに行く、洗面所に行き顔を洗う、食事をつくるために台所に行くなど、移動は人が生活するうえで基本となる行為です。家の中での生活だけでなく、地域とかかわったり、買い物に行ったり、散歩などの気分転換をするときにも移動ができなければなりません。

　障害や高齢により歩くことがむずかしくなったり、からだを起こすことができなくなったりすると、生活範囲がせばまってしまいます。ベッドの上や自分の部屋の中だけで生活していると、身体の機能は低下してしまいます。また、気持ちも沈み、意欲が低下し、活気のある生活を送ることもできなくなります。

　そのような介護が必要となった人に対して、福祉用具を使ったり、環境を整えたりすることによって、その人のもっている機能（**残存機能**）を活用しながら移動できるように援助していく必要があります。そのためにも、**移動の基礎知識**を身につけましょう。

2 仕事を進めるうえでの基本的視点

　寝ているときの姿勢を変える、寝ている状態からからだを起こす、立ち上がる、歩くなどの一連の動作を移動といいます。また、ベッドから車いすに乗り移ったり、車いすからトイレの便座に乗り移ったりすることを移乗といいます。

　生活援助の現場では、事故が起こらないように**見守り**をすることが大切です。また、**移動に関する用具**を理解しておくことも必要です。転倒して骨折すれば、移動することがむずかしくなり、寝たきりになってしまうこともあるからです。骨折しないまでも、「また転ぶのではないか」という不安をもつと、動くことをためらうこともあります。

介護を必要とする人が、安全に安心して移動ができるように、その人のペースで移動ができるように見守り、活動的な生活ができるよう支援していくことが大切です。

3 利用者にとっての移動・移乗

　移動ができるということは、身体の機能を維持するために必要なことです。からだを動かさなければ筋力は低下しますし、骨ももろくなります。関節は動かさないでいると動く範囲がせまくなります。心臓や肺の機能も低下し、からだを起こすだけで血圧が低下し気分が悪くなったり、少し動いただけでも息切れしたりすることもあります。このようなことが起こると、さらに動くことがむずかしくなるという悪循環が起こり、寝たきりになってしまうこともあります。

　自立した生活を送るためには、移動という行為が欠かせません。生活のなかには、ほかの人との交流、役割をもつこと、趣味や学習等の活動など、さまざまなものが含まれます。今まで自分で行ってきたことを自分の力で行い、これから行ってみたいことを行ってみるなど、自分の欲求を満たすことは生きる力になり、生活にハリが出てきます。

　介護が必要となっても、その人のそれまでの生活を継続していくために、移動の支援はとても重要になります。移動ができることで生活範囲は広がり、生き生きとした生活を送ることができるのです。

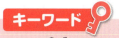

移動の基礎知識 ▶ p.250 ／ 移動に関する用具 ▶ p.252 ／ 残存機能 ▶ p.254 ／ 見守り ▶ p.256

移動の基礎知識

　私たちは、朝起きてから夜寝るまで、排泄、洗面、着替え等のほか、家事や町内会活動といった社会生活への参加など、さまざまな生活行為のなかで**移動**をくり返しています。しかし、加齢や病気、障害によって移動が1人でうまくできなくなると、社会や交流への関心が薄れて外出したい気持ちが減り、布団上で生活することが多くなって、移動動作がさらに少なくなります。

　移動によってからだを動かすと、全身の血液循環がよくなり、内臓の機能や骨、筋力の維持・向上につながります。また、行動範囲が広がることで、興味や関心をもつ機会が増え、意欲が向上しやすくなります。

　介護が必要な状態になっても、できる限り利用者が自分で移動できるよう、支援することが求められます。

転倒しやすい環境（屋内）

　屋内での転倒しやすい環境には、**表9-13**のようなものがあります。

表9-13　転倒しやすい環境（屋内）

場所	注意点
風呂場、洗面所、トイレ	・出入りに段差がある ・マット類が敷いてある ・水滴で床が濡れている　など
廊下	・じゅうたん、マット類が敷いてある ・床がすべりやすい材質でできている ・手すりに物がかかっている　など
寝室、居間などの共有スペース	・出入りに段差がある ・動線をふさぐ生活用品（家具やコード類など）がある ・新聞、雑誌、洗濯物などが床に落ちている ・照明スイッチの場所がわかりにくい　など

転倒の予防方法

じゅうたんやマット類

足をひっかけないよう、裏面の四隅にすべり止めや両面テープを貼って固定します。

コード類や家具、小物類

移動時の障害物にならないよう、電気製品のコードは隅に固定し、家具や小物類も整理します。

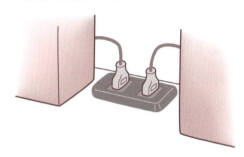

電灯

夜間トイレに起きてすぐにスイッチをつけられるか確認し、必要に応じて足元灯を設置します。

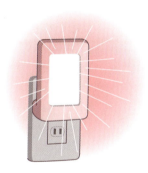

床

移動時にすべって転倒しないよう、水がこぼれた場合はすぐにふき取ります。

ポイント

- 利用者がしたいことを安心してできるように、安全に移動するための環境を整えましょう。

移動に関する用具

利用者が移動で使う用具は、その人が安心して移動できるよう、身体の状態や障害の程度に合ったものを使います。また、けがなく安全に使えるよう、日ごろからの整備も大切です。以下に**おもな用具と使用時の注意点**を記します。

車いす

座ることはできるが、歩行ができない、または歩行が制限されているときに**車いす**を使います。イラストは、自走式（自分で操作できる人用）です。自分で操作できない人は、介助式を使うこともあります。介助式は、自走式に比べて大車輪（駆動輪）が小さく、小回りがしやすくなっています。

移動用バー（介助バー）

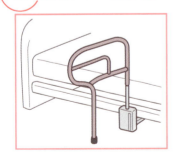

移動用バーは、ベッドの側面に取りつける手すりのことで、利用者が安定して立ち上がったり、安全に車いすへ移乗するときに使います。人が立ち上がるときには頭を前にかがめる動作が必要ですが、移動用バーがあると、その動作が行いやすくなります。

杖

杖は、歩行が不安定なときに使います。杖には、足にかかる体重を減らし、バランスを補助するはたらきがあります。杖を持つときは、麻痺や障害のない側で持ちますが、持ち方を誤ると杖の効果が十分に発揮されません。このほか、握力の弱い人などが使うロフストランドクラッチなどがあります。

T字杖

軽くて扱いやすく、1本の脚からなっています。グリップは、人差し指と中指ではさむようにして持ちます。

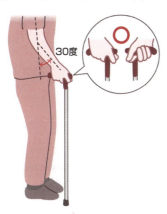

多点杖（多脚杖）

T字杖では歩行が不安定なときに使います。グリップは、曲線側を進行方向に向けて持ちます。

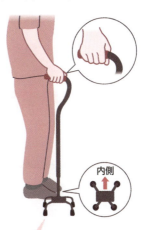

すべり止め用のゴム先の溝があるか、片側が擦り減っていないか確認します。

ポイント

- 利用者が使う用具について気になることがあるときは、本人や家族に話すほか、介護支援専門員（ケアマネジャー）▶▶やサービス提供責任者に相談します。

介護支援専門員（ケアマネジャー）▶▶第3章第1節「多職種連携」参照

残存機能

　残存機能とは、障害や老化などがあっても失われずに残っている、その人ができることをさします。できることには、現在できることだけでなく、今後できるかもしれないことも含みます。利用者やその家族は、できなくなってしまったことに目を向けがちになります。介護職は、その人がさまざまな生活行為で使う、移動・移乗に関する残存機能をいかした支援を行い、その人の生活意欲を引き出していくことが重要です。

麻痺

　脳血管障害や脊髄の損傷等によって神経や筋肉などが障害を受け、手足が動かしにくかったり、まったく動かせない状態のことをいいます。

典型的な麻痺の程度と残存機能

単麻痺
　上下肢のうち、一肢のみの麻痺。ADL（日常生活動作）は、自立していることが多い状態です。

片麻痺
　左右いずれか片側の上下肢麻痺。麻痺のない側（健側）を中心に活動をうながします。

対麻痺
　左右両側下肢の麻痺。両手は動き、自由に使えます。

四肢麻痺
　左右両側上下肢の麻痺。

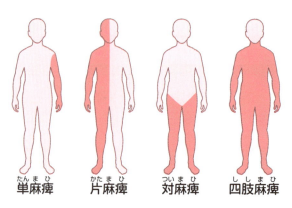
単麻痺　片麻痺　対麻痺　四肢麻痺

残存機能を活用した生活援助の方法

洗濯

　干した洗濯物をあとで利用者に取りこんでもらうときは、安全に取りこめるよう、手が届く位置に干します。

調理

　調理した料理を冷蔵庫にしまうときは、利用者が自分で食べたい物を取り出しやすい場所に置きます。

掃除

　浴室で使う浴槽用手すりなど、掃除の際に動かしたものは、利用者が安全に使えるよう、元の位置に戻します。

買い物

　購入した牛乳のパックやジャムの瓶のふたなどは、利用者が使いやすいよう、確認したうえで開けておきます。

ポイント

- 残存機能をいかすことによって利用者のできる生活行為が広がると、その人の生活意欲や自分自身への信頼感が高まります。
- できることが増えるよう、利用者の残存機能をいかした生活援助を行います。

見守り

見守りとは、危険がないように注意をはらうことをいいます。具体的には、大きく2種類あります（表9-14）。

生活援助でも身体介護でも、利用者に意識を向ける見守りを土台にして介護を行います。しかし、安全を確保しながら常時介助できる状態で行う見守りは、**身体介護**の区分になります。

表9-14　見守りの種類

① 利用者が意欲を失わないよう、どんな支援がよいかを見きわめるために観察する。
② 利用者が動くとき危なくないよう、いざとなったらすぐ手を出せるようにする。

生活援助では、常に利用者に意識を向けつつ、介護職の身体は掃除用具や調理用具に向かいます。**身体介護**は、利用者に意識を向けるだけでなく、介護職の身体も利用者の身体に向かいます。介護職の身体が向く対象は異なりますが、常に意識を利用者に向けている点は同じです。

生活援助

調理をしながらも、意識は歩いている利用者に向かい、物音に聞き耳を立てます。

身体介護

意識を歩いている利用者に向け、転倒やつまずかないよう、そばについて歩きます。

移動を見守っていて介助が必要と感じるときには、サービス提供責任者などに伝えましょう。

立ち上がりの見守りのポイント

立ち上がって移動するとき、立ち上がり動作のポイントは次のとおりです。立ち上がりが安定していないと感じたときは、ポイントを伝えましょう。

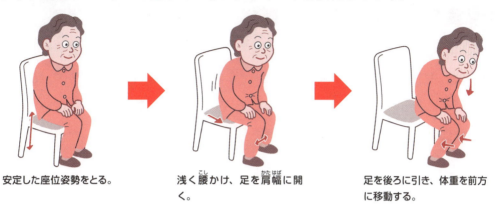

安定した座位姿勢をとる。　　浅く腰かけ、足を肩幅に開く。　　足を後ろに引き、体重を前方に移動する。

歩行が不安定な人への声かけ

歩行のときは、手すりや安定した家具につかまるよう伝えましょう。歩きはじめや歩き終わりなど、動作が変わるときがとくにふらつきやすいため、注意して見守ります。

ポイント

- 離れた場所にいても、意識は常に利用者に向かっていることが見守りのポイントです。
- 見守り方は、利用者の心身の状況や、できること・できないことによってさまざまです。

第4節 食事の介護の基本

1 食事の介護を学ぶ意味

　人は、さまざまな栄養素を食事などからとり、生きていくために食事をします。食事は、生命を維持するためのもっとも基本的なADL（日常生活動作）ともいえます。車にとってのガソリンのように、ただ、必要な栄養素がとれればいい、生きていればいい、というためだけに食事をするのは大変つらいものになってしまいます。

　「おいしい」と感じることで、脳の活性化や満足感につながったり、「楽しく」食事をすることで毎日の活力がえられたりします。食事は、QOL（生活の質）に影響する重要な行為といえるでしょう。

　とくに高齢者では、胃腸のはたらきが加齢のため低下してきたり、からだを動かす機会などが減り、活動性が低下してきたりすることから、「食欲減退」「食欲不振」がみられる人もいます。

　料理の味（味覚）だけでなく、盛りつけなどで見た目（視覚）を工夫したり、におい（嗅覚）、食感や舌触り（触覚）など五感を刺激することで、食欲が増進します。食事をする際の環境や雰囲気なども食欲に影響を与えます。「おいしく」「楽しく」食事をすることで、生きがいや生きる喜びにもつながります。

2 仕事を進めるうえでの基本的視点

　食事の介護に関する仕事を進めるうえでの基本的視点は**表9−15**のとおりです。

表9-15　食事の介護に関する基本的視点

① **食事の基礎知識**
  →食事の意味、環境づくり
  →食事に関連したこころとからだのしくみ（食欲、口腔内のしくみ、消化器）
② **食事に関する用具**
  →介護が必要な人が自分で食べるための用具（自助具▶▶）、食欲を引き出す食器
③ **食事の姿勢**
  →いすに座るときの姿勢・首の角度
④ **脱水**
  →脱水を予防するためのこまめな水分補給の必要性
⑤ **低栄養**
  →低栄養を防ぐための食事の内容
⑥ **咀嚼・嚥下**
  →咀嚼と嚥下機能のしくみ、誤嚥の防止
⑦ **口腔ケア**
  →口腔ケアの目的と効果

3 利用者にとっての食事

「食事を楽しみたい」というのが利用者のいちばんの希望ではないでしょうか。嚥下状態などにもよりますが、できる限り普通食を提供しましょう。

嚥下状態が悪くなっている人は、嚥下したかどうかの観察をします。食事の姿勢にも工夫が必要です。

おいしい食事が食べられるように、嗜好や季節食などを取り入れる工夫も必要です。

キーワード

食事の基礎知識 ▶ p.260 ／ 食事に関する用具 ▶ p.262 ／ 食事の姿勢 ▶ p.264 ／ 脱水 ▶ p.265 ／ 低栄養 ▶ p.266 ／ 咀嚼・嚥下 ▶ p.267 ／ 口腔ケア ▶ p.269

自助具 ▶▶ 第9章第4節「食事に関する用具」参照

食事の基礎知識

食事の意味

食事には、大きく3つの意味があります（**図9-1**）。生活援助では、利用者が食べるための料理をつくります。そして、利用者が楽しみをもって、できる限り自分で食べられるように食事環境を整えます。

図9-1　食事の意味

生理的な意味
- 栄養をとりこみ、生命や身体の維持、活動に必要なエネルギーをえます。
- 五感を刺激して脳の活性化をはかり、口や手など身体各部の運動機能を使います。

視覚「おいしそう！」
味覚「おいしい！」
嗅覚「いいかおり！」
触覚「なめらか！」
聴覚　コトコト（煮こんでいる音）
五感を刺激

心理的な意味
- 食欲を満足させ、気持ちの安定がはかれます。

社会的な意味
- 食べながらコミュニケーションをはかることで、ほかの人との関係が深まります。

食欲がわく方法

利用者が食べたい物をつくります。

食材の調理方法や好みの味つけを教えてもらいながらつくります。

落ち着いてゆっくり食べる環境のつくり方

ゴミや調理器具などを片づけ、食事を邪魔するにおいがないようにします。

新鮮な空気を入れて照明や音楽などを整え、ゆったり過ごせる環境をつくります。

ポイント

- 食べることによって、こころもからだも元気になります。
- 食べたいと思える環境や食事づくりで、食欲を引き出しましょう。

食事に関する用具

　食事は、自分で食べたほうがおいしく感じます。また、食べる行為を通して、その人のできるところが増えていく可能性もあります。介護職は、ほかの専門職と連携をはかりながら、利用者が自分で食べられる**自助具**や**食器**の使用を検討することが大切です。また、食欲を引き出すには、食器にこだわることも大切です。利用者が使い慣れた箸や湯のみ、茶わんなどの食器を使うことで、うまく食べられることもあります。料理は一皿に一品盛りつけるようにするなど、料理がおいしそうに見える提供の仕方も工夫してみましょう。

自分で食べるための食事用自助具

持ちやすい箸

　手に麻痺があり、箸が上手に持ちにくい人に適した自助具です。

握りやすいスプーン・フォーク

　握力が弱く、関節可動域に障害がある人に適した自助具です。

返しがついている皿

　麻痺があって、皿を傾けることがむずかしい人に適した自助具です。

食器の滑り止めマット

　片手が使えず、食器を押さえられない人に適した自助具です。

食欲を引き出す食器類

茶わん

白色より茶色や黒色のほうが、白いご飯が引き立ちます。

皿・器

料理の色が濃い目のときは白色、卵焼きなど単一色のときは、色柄のついた絵皿を使います。

ランチョンマット・テーブルクロス

使う食器の色と明るさに差のあるほうが、食器に目が行きやすくなります。

利用者にとって持ちやすい食器

重くなくて、持ちやすい食器を使うことで、うまく食べられることもあります。

ポイント

- 食事は、人生をより豊かにするための楽しみの1つです。
- 食事に関する用具は、利用者の意見や身体状況をふまえながら、その人に合ったものを選びます。

食事の姿勢

食事の姿勢には、ベッド上で上半身を起こす、いすに座る、などの姿勢があります。生活援助では身体介護を行わないため、ここでは、いすに座ってテーブルで食べる姿勢について解説します。

一般的な食べやすい姿勢は、**図9-2**や**図9-3**のとおりです。しかし、利用者の姿勢が少しくずれていたとしても、これまでの生活習慣から、その人にとって食べやすい姿勢である場合もあります。食事の姿勢を整えることは、身体介護になります。そのため、利用者の食事の見守りをしていて、食事の姿勢の確保がつらそうと感じたり、本人から相談があったときは、サービス提供責任者などに伝えます。

食事は、姿勢がくずれず食べやすくなるよう配膳し、こぼしたときは残存機能を発揮して、しっかり自分で食べてもらえるように見守ります。

図9-2　一般的ないすに座る食事の姿勢

図9-3　首の角度

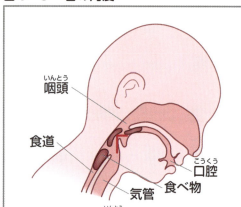

前かがみになると、咽頭から気管への角度がついて、食べ物が食道に流れこみやすくなり、誤嚥しにくくなります。

ポイント

- 食事の姿勢は、食べやすさと消化のしやすさに影響を与えます。
- 利用者が、安定した姿勢で安心して食べられるように見守ります。

脱水

脱水は、からだの中にある水分（体液）量が異常に減った状態をいいます。脱水になると微熱が続いたり、意識低下が起こります。重篤になると血液のねばりが増え、脳梗塞や心筋梗塞の危険性が高まります。成人では1日に2200mlから2800mlの水分が必要になります。高齢者は成人に比べて脱水を起こしやすいため、注意が必要です（表9-16）。適切な水分量がとれるような支援を心がけます。

表9-16　高齢者が脱水を起こしやすいおもな原因

体液量（体内水分量）の減少	成人で体重の60％を占める体内の水分量が、50％にまで減る。
摂取水分量の減少	感覚機能の低下によって、水分不足でも喉の渇きを感じにくくなる。
腎臓機能の低下	腎臓機能の低下によって血液中の老廃物を尿として排出するために多くの水分が必要になり、体内の水分が減少する。

適切な水分量をとるために

・選択できる飲み物の種類を増やします。
・あんかけや寒天を使った料理を出します。
・水分補給の1日のスケジュールを立てます。
・入浴やからだを動かす前後での水分補給をうながします。

> **ポイント**
>
> ●高齢者は脱水を起こしやすいため、水分の多い食事の工夫やこまめな水分補給をうながします。

低栄養

　低栄養とは、健康を維持するために必要なエネルギーやたんぱく質などの栄養素の量がとれていない状態をいいます。高齢者の多くが該当する1日に必要なエネルギー量は、1400kcalから2000kcalです。一般的に高齢者は加齢にともない食事量が減り、肉類などたんぱく質の多い食事を避けて、あっさりしたものを好むようになります。

　また、生野菜や果物をあまり食べず、やわらかく煮た野菜類を口にすることが多くなると、ビタミンや無機質（ミネラル）、食物繊維が不足することもあります。低栄養にならないように毎日の食事メニューを工夫することが大切です。

低栄養を防ぐために
・3食をバランスよくとり、欠食を避けましょう。
・香辛料や酢、香り野菜を取り入れて食欲を引き出しましょう。
・質のよいたんぱく質を多くとれるようにしましょう。
・根菜や緑黄色野菜など、多種類の野菜を食べられるようにしましょう。

ポイント

● 少しずつでも多様な食材を食べて、栄養バランスの整った食生活になるよう工夫します。

咀嚼・嚥下

咀嚼・嚥下とは、食べ物を認識して口に入れ、胃に送りこむまでの過程をいいます（図9-4）。咀嚼・嚥下は、口の中だけでなく、さまざまな身体の部位が協力し合って行われています。

図9-4　摂食・嚥下の5つの段階

❶先行期
食べ物の味、大きさ、におい、温度、かたさなどを認知し、口に運ぶ量、位置、速度、かむ力を判断する。

❷準備期
食べ物を口の中に入れてかみくだき、唾液と混ぜてかたまり（食塊）にする。

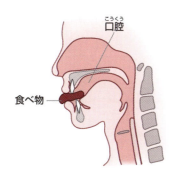

❸口腔期
食塊を、舌で口蓋（口の中の上側の部分）に押しつけるようにして咽頭部に送りこむ。

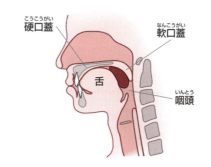

❹咽頭期
咽頭部に入った食塊を、嚥下反射※によって食道に送りこむ。

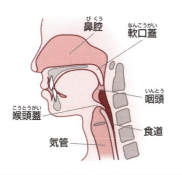

❺食道期
食道の蠕動運動と重力によって、食塊を食道から胃に送りこむ。

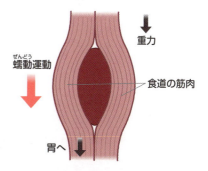

※：「嚥下反射」とは、食塊が鼻腔や気管に入らないよう、軟口蓋と喉頭蓋でそれぞれの入り口をふさぐこと。

誤嚥

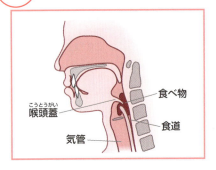

誤嚥とは、食べ物や水分、唾液などが何らかの原因によって気管に入ってしまうことをいいます。摂食・嚥下の機能がおとろえてくると、誤嚥しやすくなります。おとろえてくる機能をおぎなう調理の工夫が求められます。

食べる力に合わせた調理の工夫

かむ力が弱い人に

食材を食べやすい大きさに切って、やわらかくなるよう加熱します。

かんだものを喉に送る力が弱い人に

食材がやわらかくなるよう加熱し、片栗粉などでとろみをつけます。

水分でむせるなど、飲み込む力が弱い人に

ミキサーにかけたり、ゼラチンなどを使ったりしてゼリー状にします。

ポイント

- 誤嚥しないよう安全に配慮しながら、栄養がとれる食事の工夫が大切です。

口腔ケア

口腔ケアとは、口の手入れのことをいいます。口腔ケアには大きく分けて、口の中をきれいにするケアと口腔体操などで口の機能を高めるケアの2種類があります。どちらも毎日ていねいに行うことで、唾液の分泌をうながし、誤嚥性肺炎▶▶や心臓病、認知症を予防するなどの効果があらわれます。

口腔内でよごれがたまりやすい場所

口の中のよごれは、歯につくだけでなく、頬の内側や歯ぐき、舌にも付着します。口腔ケアを見守るときには、歯以外のよごれにも注意が向くよう声かけを行います。

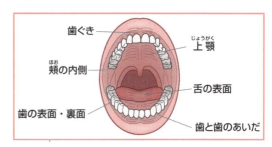

表9-17　歯みがき剤の量と歯ブラシの交換時期

歯みがき剤の量	一般的な歯みがき剤は、研磨剤などの化学物質が含まれるため、使用は少量にとどめます。ブラッシングで、よごれは十分に除去可能です。
歯ブラシの交換時期	ヘッドの外側に毛先がはみ出したり、毛に弾力がなくなってくると、歯のよごれが十分に取り除けません。こうしたときが交換時期です。

ポイント

- 口腔ケアは、食べ物をおいしく味わい、誤嚥性肺炎などを予防するために重要なケアです。
- 歯ブラシなどのケア用品は、必要に応じて交換を提案しましょう。

誤嚥性肺炎　▶▶第6章第2節「高齢者に多い病気」参照

第5節 睡眠の介護の基本

1 睡眠の介護を学ぶ意味

　人間は毎日、睡眠をとります。8時間の睡眠をとると仮定すると、人生の3分の1は眠って過ごすことになります。1日の多くを睡眠にあてていると考えるだけでも、生活を送るうえで大切なものといえます。

　人間は、生命活動をしているだけでも疲労します。睡眠をとることで、からだも脳もリフレッシュし、疲労が回復します。さらに、睡眠はからだの「免疫力」を高めます。睡眠不足が続くと、ストレスがたまったり、生活習慣病のリスクが高まるともいわれます。睡眠障害になると、睡眠導入薬が医師から処方されますが、夜や朝方にトイレに行って転倒を引き起こしたりと、デメリットもあるので介護職としても注意が必要となります。

　睡眠の観点でも「寝食分離」は重要となります。食事をする部屋やふだん過ごす部屋と睡眠をとる寝室を分けることで、気分がきりかわり、からだが寝ようとする意識になってくるからです。ほかにも、安眠できるような環境を整えることは大切です。布団や枕など、さまざまな工夫をすることができます。

2 仕事を進めるうえでの基本的視点

睡眠の介護に関する、仕事を進めるうえでの基本的視点は**表9-18**のとおりです。

表9-18 睡眠の介護に関する基本的視点

① **睡眠の基礎知識**→睡眠のしくみ、寝室の環境整備
② **睡眠に関する用具**→寝具の種類、適切な寝具の選び方
③ **安楽な姿勢**→基本的な寝姿勢、安楽な姿勢
④ **褥瘡予防**→褥瘡が発生しやすい部位、予防のポイント

3 利用者にとっての睡眠

利用者の睡眠に影響を及ぼすおもな原因としては、加齢や病気・障害があります（**表9-19**）。

表9-19 加齢や病気・障害が睡眠に及ぼす影響

・睡眠の質が変化する（高齢者では、睡眠時間が短くなり、朝早くに目が覚めてしまう人が多くなる）。
・腎機能がおとろえると、睡眠中にトイレに起きる回数が増える。
・身体的要因（腰痛、神経痛、COPD（慢性閉塞性肺疾患）、気管支喘息による咳、かゆみをともなう慢性疾患など）によりよく眠れない。
・精神的要因（うつ病、神経症、統合失調症など）によりよく眠れない。　など

睡眠の基礎知識 ▶ p.272 ／ 睡眠に関する用具 ▶ p.274 ／ 安楽な姿勢 ▶ p.276 ／ 褥瘡予防 ▶ p.277

睡眠の基礎知識

　睡眠は、からだの動きをとめて意識や反応を鈍くしながらも、簡単に目が覚める状態のことをいいます。睡眠では、活動によって酷使した脳とからだを休ませるだけでなく、メンテナンスも行います（**図9-5**）。私たちのからだには、ある時間になると自然と目が覚め、ある時間になると眠くなる、ほぼ1日周期のリズムをきざむ**体内時計**▶▶が備わっています。また、脳の中では、自然に眠気をもたらすと考えられる**メラトニン**などの睡眠物質がつくられています。メラトニンは、脳の松果体から分泌されます。メラトニンが分泌されると体温が下がり、眠気を感じます。

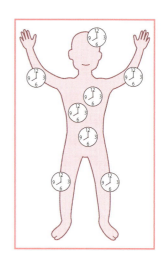

　睡眠の状態は2種類あります（**表9-20**）。高齢者になると、深い眠りのノンレム睡眠が減って浅い眠りのレム睡眠が増え、眠っている途中で目が覚めやすくなります。

図9-5　睡眠の役割

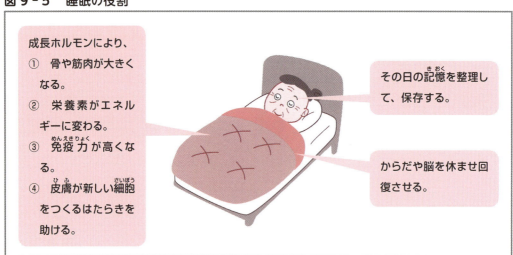

体内時計 ▶▶ 約24.5時間の周期で動いているが、朝、太陽の光を浴びることで、24時間の周期に合うようにリセットされる。睡眠や体温調節、ホルモンの分泌などのはたらきを1日周期で整える役割がある。

表9-20 睡眠の種類

ノンレム睡眠	脳を休ませ、回復させる眠りのこと。呼吸や血圧、心拍数が低い状態で安定します。体温が少しずつ下がり、脳の一部が休んでいる状態です。からだの筋肉ははたらいています。
レム睡眠	からだを休ませる眠りのこと。呼吸や心拍数は乱れ、脳は活発にはたらきます。からだの筋肉はほとんど動きません。夢は、おもにこの眠りのときに見るといわれています。

よい睡眠のための寝室環境

睡眠は、人生の時間の約3分の1を占め、健康に生きるうえで重要な役割をになっています。質のよい睡眠をとれる環境の整備が大切です（**表9-21**）。

表9-21 よい睡眠のための寝室環境

温度と湿度	室温は夏25℃前後、冬15℃前後、湿度は50%から60%、かけ布団などの中は32℃から34℃が目安となる。
明るさ	真っ暗か、0.3ルクス以下の薄明かりの状態にする。
換気	不衛生なエアコンや寝具、花などは悪臭の原因になる。原因を取り除き、換気する。
音環境	睡眠中は、40デシベル以下が適している。

ポイント

- 健康な生活を送るための心地よい眠りがとれるよう、睡眠のしくみを理解し、利用者の状況に応じて寝室の環境を整えます。

睡眠に関する用具

　よい眠りをえるためには、寝室環境を整えるほか、適切な寝具を選び、清潔に管理することも大切です。寝具は、安楽な姿勢で寝返りがしやすく、適温を保てるものを選びます。また、人は一晩に約200mlから300mlの汗をかくといわれています。寝具は、洗濯できるものは洗濯し、洗濯がむずかしいものは干して乾燥させ、こまめに清潔な状態を保ちます。

ベッド・布団

　ベッドにするか布団にするかは、住環境やその人のからだの状態、好み、生活習慣をふまえて選択します（表9-22）。

表9-22　ベッドと布団の利点と欠点

	ベッド	布団
利点	・立ち上がりがしやすい ・通気性がよい	・転落の危険がない ・たたむことで場所をとらない
欠点	・転落の危険がある ・場所をとる	・立ち上がりがしにくい ・通気性が悪い

マットレス・敷き布団

　人間の体重の約8％（頭部の重さ）は枕に、残り約92％（頭部以外の重さ）はマットレスや敷き布団にかかります。マットレスや敷き布団は、筋緊張を取り除くことができるかたさがあり、寝返りがしやすい適度な幅のあるものを選びます。

　適正なかたさのものは、体重が分散して各部位に適切な荷重がかかるため、寝返りがしやすく、寝やすいです。

かけ布団・毛布

夏は、通気性がよくて熱を逃がしやすいもの、冬は、保温性に優れて適度なフィット感があるものなど、季節や室温に応じて選びます。**かけ布団**は、重すぎると寝返りがしにくくなるため、注意が必要です。

枕

枕には、頸椎部分の隙間をうめて頭部と頸部を安定させることで、心地よい眠りをえやすくするはたらきがあります（図9-6）。その人の体形や好みに合わせ、また、寝返りの際に、頭部が落ちない幅のものを選びます。

図9-6　枕は頸椎部分（首筋）の自然な湾曲を支える

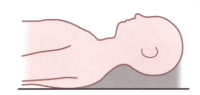

横になっても立った姿勢を保てるように、枕でグレーの隙間をうめて、首を支える。

ポイント

- 寝具には、さまざまな種類があり、心地よく眠るためには、その人の体形やからだの状態のほか、季節や好みに合わせて選ぶ必要があります。
- 利用者が安眠できる寝具について、必要な支援を行います。

安楽な姿勢

睡眠における**安楽な姿勢**とは、寝ていて苦痛がなく、快眠または熟睡できる姿勢のことをいいます。睡眠時の正しい姿勢は、**自然に立った姿勢をそのまま横にして保つことができる状態**といわれています。この姿勢がとれるよう寝具等を調整します。寝姿勢にはいろいろな種類があり、人によって好みがあります（**図9-7**）。いずれの寝姿勢でも、寝返りがしやすくなるように環境を整えます。

図9-7　基本的な寝姿勢

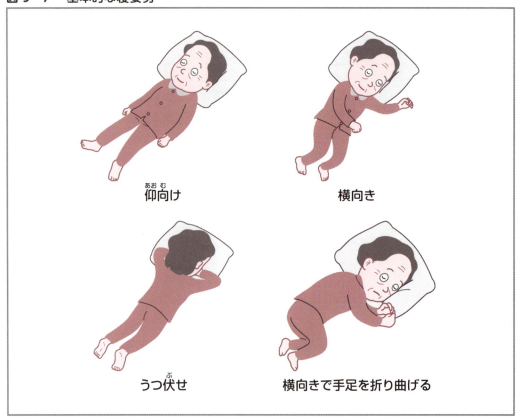

仰向け　　横向き

うつ伏せ　　横向きで手足を折り曲げる

ポイント

- その人に合わせた安楽な姿勢がとれると、睡眠の質が上がります。
- よく眠れない場合は、いつもと違う寝姿勢を提案してみましょう。

褥瘡予防

褥瘡とは、皮膚が長時間にわたり圧迫されつづけることで、血液の循環が悪くなり、皮膚や筋肉などの組織が壊死することをいいます。褥瘡は、図9-8のように、皮下組織が薄く、身体の骨が突出している部位に発生しやすいです。褥瘡は、表皮に損傷はないものの、発赤があり熱感をもつ状態から始まります。発赤部分を指で3秒間圧迫し、発赤が消えないときは褥瘡の疑いがあります。褥瘡を予防するための対応は、表9-23のとおりです。褥瘡らしい発赤を見つけたときは、サービス提供責任者などに連絡し、医療関係者につなげてください。

図9-8 褥瘡が発生しやすい部位

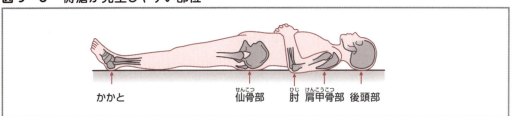

かかと　仙骨部　肘　肩甲骨部　後頭部

表9-23 褥瘡を予防するための対応

体位の変換	同一部位の圧迫を防ぐため、寝返りなどで定期的に体位を変え、圧迫を受ける部位を変える。
清潔を保つ	入浴等で清潔を保ち、血のめぐりをよくする。発汗時は随時着替え、濡れっぱなしを防ぐ。
摩擦を防ぐ	寝間着やシーツに、たるみやしわをつくらない。
栄養の確保	質のよいたんぱく質やビタミンを含む、高エネルギーでバランスのよい食事をし、栄養状態を良好に保つ。

ポイント

● 褥瘡は、予防が第一ですが、早期発見・早期対応も大切です。

第6節 終末期の介護の基本

1 終末期の介護を学ぶ意味

「終末期の介護」は、「ターミナルケア」と同じ意味で、医師から治療の見こみがなく、余命が6か月以内の人のケアのことを一般的にはさします。

「死」とは、人間にとってはつらくむずかしい問題なので、利用者自身や家族だけでなく、介護職も向き合っていくのは非常にむずかしいことです。しかし、それだからこそ、介護職は終末期の介護について学び、利用者自身が「幸せだった」「ここで最期を迎えられてよかった」と思えるような支援を行えるようになる必要があります。終末期の介護が行えることで、利用者自身だけでなく、まわりにいる家族や介護職も充足感がえられ、利用者の死後には、家族や介護職の後悔は少なくなるのではないでしょうか。残された人の心理的負担が重くならないように考え、支援していくのも終末期の介護の特徴です。

死を間近にした人には、身体面、精神面などさまざまな部分で特徴的な変化がみられます。終末期の介護を行うにあたっては、これらを学ぶことは非常に重要なことです。

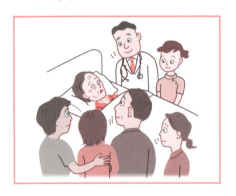

介護職にとって、死とは身近にあるものといえます。

利用者自身がその人らしく最期を迎えられ、まわりにいる家族や介護職が後悔なく「送れる」ようにかかわることが終末期の介護です。

2 仕事を進めるうえでの基本的視点

利用者や家族にとっても「死」とはつらく、悲しいものですが、介護職にとってもそれは同じです。とくに、熱心に利用者とかかわってきた介護職は、利用者の死

後、大きな喪失感を感じ、そこから抜け出せないこともあります。正しい知識（**表9-24**）をえること、終末期のかかわりを経験すること、そして相談できる同僚がいるなど話ができるような環境があることが大切です。

表9-24　終末期の介護に関する知識

① **終末期の基礎知識**
　→終末期の定義、死亡場所の変化、終末期における身体機能の低下
② **死にいたる過程**
③ **死のとらえ方**
　→死生観、死に対するこころの変化

3 利用者にとっての終末期

　介護が必要な人は、死がより身近になっている場合が多いかもしれません。そんな利用者であっても、死が間近に迫ったときに、「だれにでも死が訪れる」というようにすぐに割り切ることはできません。そのため、終末期の介護では、介護職は精神的な支援をする必要があります。

　終末期の後期や死亡直前の時期には、身体的な変化がはっきりとあらわれます。それまでのような生活はできにくくなり、食事や水分をとる量が低下し、バイタルサインの変化などがみられます。とくに、呼吸状態の変化は利用者にとっては苦しく、死を連想させてしまう場合もあります。生活援助をになう人は、身体的な苦痛を緩和するための身体介護は行えませんが、他職種と連携しながら、利用者に安心感をもってもらえるような支援を行うことが求められます。

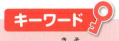
終末期の基礎知識 ▶p.280／死にいたる過程 ▶p.282／死のとらえ方 ▶p.285

終末期の基礎知識

　介護サービスの利用者は、加齢や何らかの障害などによって支援を必要とする人です（図9-9）。高齢者の場合、**終末期**の開始をはっきり定義することはむずかしく、支援が必要になった段階から、終末期を意識しながらかかわっていくことが求められます。

　また、死亡の場所は、明治時代はほとんどの人が自宅で死を迎えていましたが、1970年代には病院で亡くなる人のほうが多くなりました。2000（平成12）年以降は、老人ホームなどの施設で亡くなる人も増え、生活の場を支える介護職が、終末期の介護に関する大きな役割をになうようになってきています。

図9-9　平均寿命と健康寿命

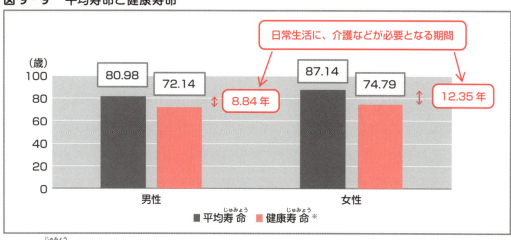

※：「健康寿命」とは、健康上の問題で日常生活が制限されることなく生活できる期間のこと。
資料：平均寿命は、厚生労働省「平成28年簡易生命表」2017年
　　　健康寿命は、橋本修二「健康寿命の全国推移の算定・評価に関する研究――全国と都道府県の推移」2017年

高齢者のおもな死因

　65歳以上高齢者の死因のうち、第1位から第4位までの病気による死亡率は、年によってわずかに増減しながら、ゆるやかに減少していますが、第5位の老衰は、年を経るごとに少しずつ増えてきています（図9-10）。

図 9-10　65歳以上高齢者のおもな死因別死亡率の推移

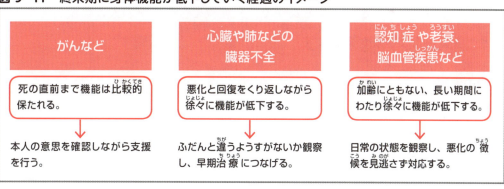

資料：厚生労働省「人口動態調査」

終末期における身体機能の低下

利用者の状態によって身体機能が低下していく経過が異なるため、それぞれにふさわしい対応が求められます（図9-11）。

図 9-11　終末期に身体機能が低下していく経過のイメージ

がんなど	心臓や肺などの臓器不全	認知症や老衰、脳血管疾患など
死の直前まで機能は比較的保たれる。	悪化と回復をくり返しながら徐々に機能が低下する。	加齢にともない、長い期間にわたり徐々に機能が低下する。
本人の意思を確認しながら支援を行う。	ふだんと違うようすがないか観察し、早期治療につなげる。	日常の状態を観察し、悪化の徴候を見逃さず対応する。

 ポイント

- 終末期の身体機能の低下をふまえながら、安心した最期を迎えられるように環境を整え、必要な生活援助を提供できるようにします。

死にいたる過程

死にいたる過程は、生まれたときから始まっており、介護サービスが必要になった段階から、少しずつ終末期の介護は始まっていきます。一般的な介護サービスの利用開始から利用者が亡くなるまでの経過は、図9-12のようになります。

図9-12 一般的な介護サービスの利用開始から亡くなるまでの経過

適応期

新しく介護サービスを利用するなかで、介護職を含むほかの人と関係が築けるかなど、さまざまな不安があります。

【ケアの例】
・早い段階で利用者や家族と信頼関係を築けるようにかかわる。
・これまでの暮らし方を知り、継続できるようにはたらきかける。
・終末期について考えておく必要性を利用者や家族に伝える。　など

安定期

介護サービスを利用した生活になじんできて、その人らしさが暮らしのなかで全面的に出てきます。

【ケアの例】

・サービスを提供しながら、やっておきたいことや好きなもの等を聞き取る。
・利用者や家族に、急変時の連絡方法、終末期に関する意向などを確認する。　など

不安定・低下期

　食事の量が減り、食べても体重が減ってきます。また、意欲や元気が低下し、みずから何かしようとすることが減ってきます。自発的に言葉を発することが減り、眠ることが増えてきます。

【ケアの例】

・好みのものを提供したり、やっておきたいことなどをかなえ、生きる意欲が高まるよう支援する。
・日常的な介護から衰弱、悪化の徴候を察知して医療職につなげる。
・その人らしい最期の迎え方を選択できるよう、利用者と家族を支援する。　など

終末期（看取り期）

　医師を含む医療・ケアチームの、病状の回復が望めず、近い将来死を迎えるであろうという判断をふまえ、利用者や家族が、終末期をどこでどのように過ごすかを選択します。介護職は、こうした選択を支え、利用者が最期のときまで安心して過ごせるよう、他職種とともに支援します。

【利用者の状態像】

・食事や水分をとる量がさらに減り、眠る時間が増え、反応がとぼしくなる。
・痰がからまり、喉元や肺でゴロゴロという音がしたりする。
・顎や肩を上下させ、あえぐような呼吸になることがある。
・血行不良で手足が冷たく、足先などが紫色になる。
・最期の数分から数十分間は、下顎呼吸がみられる。　など

【ケアの例】
・新鮮な空気、清潔な寝具や衣服、暖かい日差しのなかで過ごせるようにする。
・だれかがそばにいる（いると感じられる）ようにする。
・聴力は最期まで残るといわれているため、声かけをしたり、好きな音楽をかけたりする。
・容体変化を発見したときは、医療職に連絡し、医師や家族を待つ。　など

死亡（逝去）
　医師が、死の三徴候（呼吸停止、心停止、瞳孔散大・対光反射消失）を確認し、死亡診断を行います。

ポイント

- その人らしい最期の迎え方を選択できるよう、利用者と家族の意思決定を支援することが大切です。
- 終末期の利用者の状態像を理解しておく必要があります。
- 終末期の支援をしながら、状態を継続的に観察し、変化に気づいたときは早期に医療職などの関係者につなげます。
- 利用者が安心して過ごせるように、利用者の気持ちに寄り添って支援します。
- 終末期では、家族を支援することも大切です。

死のとらえ方

「人生の終末としての死についての、その人の考え方」のことを**死生観**といいます。死生観は、その人の生まれ育った環境や受けてきた教育、価値観や人生観、宗教や文化的な背景などによって、1人ひとり異なります。介護職は、利用者もその家族も、そして介護職自身にも独自の死生観があることを理解したうえで、利用者や家族それぞれの死に対する思いを尊重することが大切です。

データでみる死に向かうための準備

図9-13と図9-14は、2017（平成29）年度の「人生の最終段階における医療に関する意識調査」（厚生労働省、2018年）の結果です。

終末期の医療・療養について、話し合ったことがない人は過半数以上です。終末期になって初めて話し合う人が多いと考えられます。これまでの生活を支えてきた介護職が、話し合いの支援に入る可能性もあります。

また、終末期に希望する医療・療養内容を記した書面を作成している人は、約8％と少ない状況です。介護職等による終末期の医療・療養に対する意思決定の支援が重要になってきています。

図9-13　人生の最終段階における医療についての家族等や医療介護関係者との話し合いについて

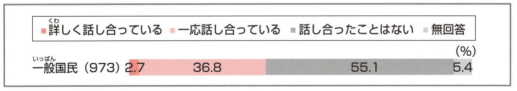

図9-14　意思表示の書面作成状況

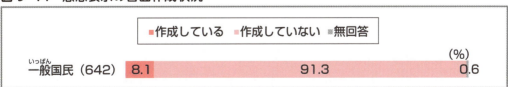

死に対するこころのしくみ

精神科医のキューブラー-ロス（Kübler-Ross, E.）は、死を迎える末期患者への聞き取り調査から、不治の病であると知ってから亡くなるまでのこころの過程を5段階に分けています（**表9-25**）。段階は、同時にあらわれたり、順序を変えてあらわれるなど、人によって異なります。人間が感じる、自分の死という危機に対するこころの段階を知ることで、その人の状態に応じた支え方を見つけましょう。

表9-25 死の受容の5段階の過程

第1段階	否認	「自分のことではない」「そんなことがあるはずがない」と事実を認めようとしない段階。
第2段階	怒り	否認を保ちつづけることができなくなると、「どうして私なのか」という疑問から、怒り・妬み・憤慨などの感情がわいてきて、周囲に投射される。
第3段階	取り引き	「苦しい治療も我慢するので、娘の結婚式に出るまでは生かしてください」など、死を少しでも先に延ばそうと、医師や神等との取り引きを試みる。
第4段階	抑うつ	さまざまな状態から死を否定できなくなると、喪失感から抑うつの状態におちいる。死期が近づいて失ったものに対し嘆く反応的抑うつと、今後失うことへの気がかりから起こる準備的抑うつの2種類がある。
第5段階	受容	これまでの段階でいだいてきた嫉妬や怒り、喪失感などのさまざまな感情をおぼえることがなくなり、自分に近づいてくる死を静観するようになる。

ポイント

- 利用者1人ひとりの死のとらえ方を尊重し、最期のときまで、その人らしくよりよく生きることを支えます。

第10章

生活支援技術演習
（こころとからだのしくみと生活支援技術Ⅲ）

ねらい

生活の各場面での介護について、ある状態像の利用者を想定し、一連の生活支援を提供する流れを理解する。

第1節 介護過程の基礎的理解

1 根拠にもとづいた介護の実践

❶介護過程を学ぶ前に

　生活援助で求められるのは家事の技術だけではありません。たとえば家事のなかの「調理」を例にあげてみると、一般的な家事であれば、手際よくおいしい食事をつくることができればよいのですが、訪問介護（ホームヘルプサービス）で調理の援助を実施する場合、それだけでは十分ではないのです。

　介護の専門職として、生活援助をサービスとして提供するにあたっては、その人らしい生活を継続するためにはどのような援助が必要なのかを考え、実践していくことが求められます。

　たとえば、以下の3名の利用者に調理の援助をするとします。

　それぞれの利用者に、どのようなことを心がけて調理の援助を実施すればよいでしょうか。

Aさん
（85歳、男性）

Bさん
（90歳、女性）

Cさん
（50歳、男性）

　ここでは、利用者の「名前」「年齢」「性別」の情報しかわからないため、何を心がければよいのかわかりません。このように、ほとんど情報がないままサービスを提供しようとしても、利用者それぞれに合った援助を実施するために心がけるべきポイントを見つけ出すことはむずかしいです。

そこで、3名について、以下の情報がえられました。

Aさん
（85歳、男性）
【現在のおもな疾患】
糖尿病
【生活歴】
家事はすべて亡くなった妻にまかせていた。
【性格】
社交的
【本人の思い】
妻の料理がなつかしい。自分でもつくれるようにならないと。

Bさん
（90歳、女性）
【生活歴】
40歳から60歳のころ、自宅で料理教室を開き、先生をしていた。
【性格】
自尊心が強い。
【食事】
総義歯でかむ力が弱まっているため、やわらかめの宅配食を頼んでいたが、いやになってしまった。
【本人の思い】
本当は自分でつくりたいけど、からだが思うように動かなくてもどかしい。

Cさん
（50歳、男性）
【現在のおもな疾患】
アルツハイマー型認知症
【食事】
配食サービスを週3回利用している。それ以外の日は、近所のファストフード店でハンバーガーを購入することが多い。
【本人の思い】
最近太ってきたのが気になるので、食生活をあらためたい。

　追加された情報を根拠として、より個別化した調理の援助を実施することができるようになります。情報がさらに増えると、いっそうその人に合った援助ができるようになります。

❷自立を支援する介護の流れ

　介護を実践する前に、利用者の心身の状況、生活歴、生活環境、利用者のできることや思いに目を向け、情報を収集すること、そして、集めた情報をもとにその人がどのような生活を望んでいるのか、また、どのようなことに困っているのかを考え、課題を明らかにしていくことは重要です。これを**アセスメント**といいます。

　このアセスメントの結果を根拠として、訪問介護であればサービス提供責任者▶▶が援助内容や方法について**計画の立案**をし、介護職はこの計画にもとづいて意図的な介護を**実施**することが求められます。

　そして、実施した介護の内容を**評価**します。これは、必ずしも実施した援助内容が適切とは限らないためです。改善点を見いだせた場合には、修正していきます。

　以上のように、介護を進めていくにあたっては「**アセスメント→計画の立案→実施→評価**」の4つの段階をくり返します。この4段階の過程を**介護過程**といいます（**図10-1**）。介護過程という道筋にそって日々の介護を実施していくことこそ、その人らしい生活の実現につながるのです。

2 介護職の仕事と介護過程

　介護過程の展開において、介護職は具体的にどのような役割をになうことが求められるのでしょうか。それぞれの段階ごとに説明します。

❶アセスメント

　集めた情報の量と質によって、介護過程の展開が左右されます。情報が足りないまま、また、間違った情報を収集したまま進めると、適切な援助を実施することがむずかしくなります。

　介護職は、利用者との何気ない会話から生活歴等の情報を収集することができます。また、利用者のようすや居室の環境を観察し、いつもと異なる点に気づくこ

サービス提供責任者 ▶▶ 第3章第1節「多職種連携」参照

図10-1　介護過程

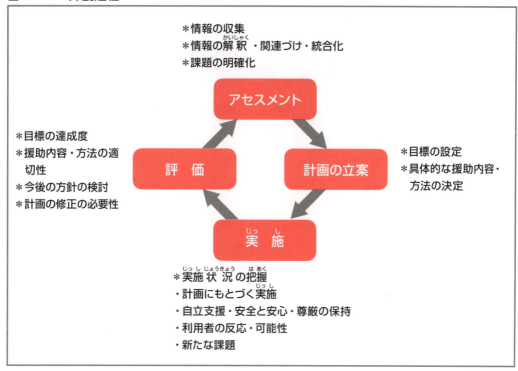

出典：介護福祉士養成講座編集委員会編『新・介護福祉士養成講座 9　介護過程　第 3 版』中央法規出版、p.4、2015年を一部改変

とも重要です。

　たとえば、調理の援助の際に、「今日は全体的にやわらかめにしてほしい」と言われたとします。

　希望どおりにするのは基本的な対応です。同時に、利用者に確認しておきたいことは、食事をやわらかめにしてほしい理由です。その理由はいくつも考えられます。たとえば、胃腸の調子が悪い、歯の痛みがある、義歯が合わない、口内炎がある、前回介護職のつくった料理がかたかった、その日の気分、などです。理由によって、今日だけでなくしばらく続きそうであれば、計画の援助内容に反映します。サービス提供責任者から報告を受けた介護支援専門員（ケアマネジャー）▶▶が、医療職との連携を調整する場合もあります。

　このように、できるだけ詳細で正確な情報を、記録や口頭でサービス提供責任者等に報告していくことが求められます。

介護支援専門員（ケアマネジャー）　▶▶ 第 3 章第 1 節「多職種連携」参照

❷計画の立案

訪問介護では、利用者ごとにサービス提供責任者が訪問介護計画を立案します。訪問介護計画書は、利用者の課題をもとに、どのようなサービスを何時間、何回行うかを決めるものであり、利用者に説明し、同意をえるものです。利用者の「援助目標」や「本人及び家族の希望」も書かれています。援助を実施するにあたって、これらを確認し、何のためにサービスを提供しているのか理解することが必要です。

❸実施

訪問介護計画書や手順書等に従って援助を実施していきます。実施にあたっては、心がけたいポイントが2つあります（**表10-1**）。

表10-1　実施にあたって心がけたいポイント

個別化	利用者の希望を聞きながらサービスを提供していく。
標準化	介護職の援助内容を統一する。

「個別化」されたサービスを提供する際には、訪問介護計画の援助内容の範囲外ではないかに注意しましょう。

「標準化」されたサービスの大切さを考えるために、訪問介護計画にもとづかない「標準化」されていないサービスを提供するとどのようなことが起こるのか、事例を通してみてみましょう。

事例　「標準化」されていないサービスの提供

利用者Dさん（82歳、男性）は、できる家事を増やしていくことが援助目標です。介護職が掃除の援助をしている際、Dさんは時々、「この洗濯物をたたんでくれないかな」と希望することがあります。洗濯物をたたむのはDさんが1人でできることなので、訪問介護計画の援助内容には入っていません。

➡　介護職のEさんは、意欲を引き出す声かけをしてDさんにたたんでもらうようにしていました。

➡ 一方で、介護職のFさんは、本人の希望どおり洗濯物をたたみました。その後、毎回Fさんが来るたびに、Dさんは洗濯物をたたむようお願いするようになりました。

➡ やがてDさんは、Eさんの意欲を引き出す声かけにも応じないようになっていきました。夕飯づくり等、ほかのできていた家事もできなくなり、生活全体の意欲の低下がみられました。

この事例からわかるように、アセスメントの結果を根拠につくられた訪問介護計画書や手順書等にそって、援助目標達成のために「標準化」された介護を実施することは、介護過程の展開において重要です。介護職のうちの1人でも、「標準化」されたサービスと異なるサービスを提供すると、目標達成から遠ざかってしまうこともあります。

利用者から訪問介護計画にはない要望があった場合は、1人で判断し実施するのではなく、サービス提供責任者等に報告・相談をしましょう。計画の内容が見直されることもあります。

介護保険制度における訪問介護の生活援助では行えないことを頼まれることもあります。たとえば、「家のまわりの掃除」や「電球の傘などの掃除」などです。その場合も、丁重にお断りし、希望どおり実施せず、希望があった旨をサービス提供責任者等に報告しましょう。サービス提供責任者がケアマネジャーに報告し、適切なサービスにつなげる可能性もあります。

❹評価

援助の内容に対する不安、違和感や要望等を利用者から聞いたら、記録や口頭で報告しましょう。

サービス提供責任者は、利用者の状況や介護職の日々の報告等の情報を整理します。そして、利用者の課題がどれだけ解決されているか、目標がどれだけ達成されているか評価を行います。その結果、計画の修正が必要な場合もあります。

計画が修正された場合は、その理由をしっかり把握したうえで、援助を実施します。

研修を終えての振り返り
（振り返り）

ねらい

研修全体を振り返り、本研修を通じて学んだことについて再確認を行うとともに、就業後も継続して学習・研鑽する姿勢の形成、学習課題の認識をはかる。

研修を終えての振り返り

1 研修を振り返って

　生活援助従事者研修を通じて、どのようなことを感じ、考えましたか？
　今後、介護職として訪問介護（ホームヘルプサービス）の生活援助を実施していくにあたって、学んだことを具体的にどのようにいかしますか？
　以下の点について考えてみましょう。

① 生活援助を実施するにあたって、事前に知っておくべき情報には、どのような事柄がありますか？

② 利用者の尊厳を支えるために、どのようにかかわりますか？

③ 利用者の自立を支えるために、どのようにかかわりますか？

④ 利用者の変化に気づいた際は、どのような対応をしますか？

⑤ 事故防止のためにはどのようなことに気をつけますか？

⑥ 事故や緊急(きんきゅう)事態が発生した場合はどのような対応をしますか？

⑦ 利用者とのコミュニケーションをとる際、どのようなことを心がけますか？

⑧　利用者のようすを観察する際、どのようなポイントに気をつけますか？

⑨　記録や報告において、どのようなポイントに気をつけますか？

2 継続的な研修の必要性

　生活援助従事者研修を修了すれば、生活援助サービスを提供するうえで必要な基本的な知識や技術がすべて身につけられるわけではありません。これから、実際に利用者とかかわりながら、経験を通して身につけていくことが求められます。

　職場における研修の形態としては、**OJT（職務を通じての研修）**や**OFF-JT（職務を離れての研修）**などがあります。これらの研修を活用しながら、専門性を高めることが期待されます。

OJT（職務を通じての研修）

　訪問介護に従事すると、はじめは同行訪問から始まります。この同行訪問がOJTとなります。同行訪問は、**表1**のような内容で数回行われることが多くあります。

表1　同行訪問の内容

① 実際どのようにサービスを提供しているのか、サービス提供責任者や先輩介護職のサービス提供現場を見学する。
② 自分が生活援助サービスを実施しているところを、サービス提供責任者や先輩介護職が確認する。そのうえで助言や指導を受ける。

　また、事業所で仕事の報告、連絡、相談をする際も、ほかの介護職とのコミュニケーションから気づきや学びをえる機会となります。

OFF-JT（職務を離れての研修）

　OFF-JTには、たとえば**表2**のようなものがあります。

表2　OFF-JTの例

職場内OFF-JTの例	・職場内での研修
職場外OFF-JTの例	・行政や研修実務機関が主催する研修会 ・他職場の職員との交流

3 さらなるステップアップをめざして

　生活援助従事者研修を修了し、仕事をしていくなかで、訪問介護において生活援助だけでなく、身体介護も実施できるようになりたいと考えることがあるかもしれません。その場合、**介護職員初任者研修**を修了する必要があります。

　生活援助従事者研修を修了していれば、介護職員初任者研修や実務者研修を受講する際、一部の研修時間が免除されます。

　また、国家資格である**介護福祉士**を取得したいと考えた場合、3年間の実務経験（従事日数540日）と実務者研修を修了する必要があります。

　図1は、介護職として、よりステップアップをしていきたいと考えた場合の道筋です。

また、経験をふまえ地域活動への参加や地域活動の主催(しゅさい)等をしている介護職も多くいます。仕事だけでなく、さまざまな場面で知識や技術をいかしていくことができます。

図1　介護職のステップアップ

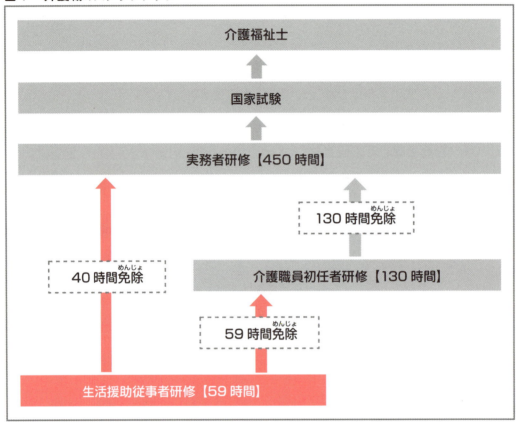

索引

A～Z

ADHD ▶196
AIDS ▶192
BPSD ▶170
B型肝炎ウイルス ▶193
C型肝炎ウイルス ▶193
HIV ▶192
ICF ▶26
LD ▶196
OT ▶49
O111 ▶63
O157 ▶63
PT ▶49
QOL ▶28
ST ▶49
T字杖 ▶253

あ

悪質商法 ▶61
アスペルガー症候群 ▶196
アセスメント（介護過程）▶290
アドボカシー ▶21
アルツハイマー型認知症 ▶156
　…の原因 ▶158
　…の特徴 ▶157
　…の人とのかかわり方 ▶160
安楽な姿勢 ▶276

い

胃 ▶138
生きがい ▶212
生きる実感 ▶25
医師 ▶49
意識消失 ▶67
異食行為 ▶171

痛み ▶144
溢流性尿失禁 ▶150
移動 ▶250
　…に関する用具 ▶252
　…の基礎知識 ▶250
移動用バー ▶252
意欲 ▶37, 211
医療保険 ▶80
衣類の整理 ▶234
インフルエンザ ▶63, 64, 74, 149

う

うつ病 ▶150, 162, 195, 221
運動機能障害 ▶186

え

嚥下 ▶267
エンパワメント ▶22

お

応急処置 ▶66

か

会議 ▶131
介護 ▶207
　…の環境 ▶46
　…の専門性 ▶47
　…の倫理 ▶52
介護医療院 ▶87
介護過程 ▶290
介護給付（介護保険法）▶85, 87
介護給付（障害者総合支援法）
　▶100
介護記録 ▶126
介護現場で起こりやすい事故 ▶56

介護サービス事業者の指定 ▶86
介護支援専門員 ▶49
介護負担の軽減（障害）▶201
介護負担の軽減（認知症）▶180
介護保険 ▶80
　…の第1号被保険者 ▶85
　…の第2号被保険者 ▶85
　…の被保険者 ▶85
　…の保険給付の種類 ▶85
　…の保険給付の目的 ▶85
　…の保険者 ▶85
介護保険外サービス ▶6
介護保険サービス ▶4
介護保険制度 ▶82
　…の財源 ▶85
　…のしくみ ▶85
　…の動向 ▶83
　…の目的 ▶82
介護予防 ▶40
介護予防居宅療養管理指導 ▶88
介護予防サービス ▶88
介護予防支援 ▶88
介護予防小規模多機能型居宅介
　護 ▶88
介護予防短期入所生活介護 ▶88
介護予防短期入所療養介護 ▶88
介護予防通所リハビリテーション
　▶88
介護予防特定施設入居者生活介
　護 ▶88
介護予防・日常生活支援総合事業
　▶88
介護予防認知症対応型共同生活
　介護 ▶88
介護予防認知症対応型通所介護

▶88
介護予防福祉用具貸与▶88
介護予防訪問看護▶88
介護予防訪問入浴介護▶88
介護予防訪問リハビリテーション
　　　▶88
介護療養型医療施設▶87
介護老人福祉施設▶87
介護老人保健施設▶87
介助バー▶252
買い物▶238
学習障害▶196
かけ布団▶275
風邪▶149
家族とのコミュニケーション▶118
家族の心理（障害者）▶200
家族の心理（認知症の人）▶178
肩こり▶70
片麻痺▶254
家庭内で起こる事故▶244
我流介護の排除▶206
感音性難聴▶188
環境▶46
　…（睡眠）▶273
肝硬変▶193
看護師▶49
看護小規模多機能型居宅介護
　　　▶87
観察▶60
感情▶210
関節症▶148
感染症▶149
感染症対策▶63
　…（介護職）▶74
感染予防▶74
肝臓機能障害▶193
管理栄養士▶49

き

記憶障害▶166
帰宅行動▶171
機能訓練▶102
機能性尿失禁▶150
気分障害▶195
キューブラー－ロス，E.▶286
共感▶115
共同生活援助▶102
業務独占▶49
居宅介護▶101
居宅介護支援▶87
居宅サービス▶4, 87
居宅療養管理指導▶87
記録▶126
緊急時の対応▶66
筋肉▶138

く

空書▶121
クーリング・オフ制度▶61
グループホーム（介護保険法）▶87
グループホーム（障害者総合支援
　法）▶102
車いす▶252
訓練等給付▶100

け

ケアプラン▶82
ケアマネジメント▶82
ケアマネジャー▶49
計画の立案（介護過程）▶290, 292
傾聴▶113
経腸栄養法▶192
血液透析▶191
血管▶138
血管性認知症▶156
　…の原因▶158

　…の特徴▶157
　…の人とのかかわり方▶161
下痢▶144
健康管理（介護職）▶70
健康管理（認知症）▶162
健康寿命▶280
言語障害▶189
言語聴覚士▶49
言語的コミュニケーション▶109
幻視▶157
見当識障害▶166, 167
権利擁護▶21

こ

構音障害▶189
　…のある人とのコミュニケーショ
　ン▶122
口腔ケア▶269
高血圧▶146
高次脳機能障害▶197
行動援護▶101
広汎性発達障害▶196
高齢者虐待の防止▶30
高齢者虐待の防止、高齢者の養
　護者に対する支援等に関する法
　律▶30
高齢者虐待防止法▶30
高齢者に多い症状▶144
高齢者に多い病気▶146
高齢者のおもな死因▶280
高齢者の心理▶213
高齢者の「役割」▶25
口話▶121
誤嚥▶56, 66, 268
誤嚥性肺炎▶146
呼吸器機能障害▶190
国際生活機能分類▶26
個人情報▶24

5Ｗ１Ｈ ▶127
骨折 ▶148, 221
骨盤底筋訓練 ▶145
個別ケア ▶38
ゴミ出し ▶227
コミュニケーション ▶108
　…（家族）▶118
　…（構音障害）▶122
　…（視覚障害）▶119
　…（失語症）▶122
　…（聴覚障害）▶120
　…（認知症）▶123
　…（利用者）▶117
誤薬 ▶56
雇用保険 ▶80
根拠にもとづいた介護 ▶206
混合性難聴 ▶188

さ

サービス担当者会議 ▶131
サービス提供責任者 ▶49
財源（介護保険制度）▶85
作業療法士 ▶49
錯視 ▶157
サルモネラ菌 ▶63
残存機能 ▶254
　…を活用した生活援助 ▶255
残存能力 ▶35

し

死 ▶285
　…にいたる過程 ▶282
　…に対する心構え ▶71
　…に対するこころのしくみ ▶286
　…に向かうための準備 ▶285
　…の受容の５段階の過程 ▶286
　…のとらえ方 ▶285
シーツの交換 ▶232

死因（高齢者）▶280
視覚障害 ▶187
　…のある人とのコミュニケーション ▶119
敷き布団 ▶274
事故 ▶56, 244
　…に結びつく要因 ▶58
事故対応 ▶62
事故報告 ▶62
事故予防 ▶60
四肢麻痺 ▶254
自助具 ▶262
地震 ▶67
死生観 ▶285
姿勢（コミュニケーション）▶110
施設サービス ▶4, 87
施設入所支援 ▶101
舌 ▶139
肢体不自由 ▶186
市町村特別給付 ▶85
失語 ▶166, 169
失行 ▶166, 169
実行機能障害 ▶166, 168
失語症 ▶189
　…のある人とのコミュニケーション ▶122
実施（介護過程）▶290, 292
膝痛 ▶70
失認 ▶166, 169
しびれ ▶144
自閉症 ▶196
社会的環境 ▶46
社会福祉士 ▶49
社会福祉士及び介護福祉士法 ▶52, 207
社会保険 ▶80
住環境 ▶246
住宅改修 ▶246

重度化防止 ▶39
重度障害者等包括支援 ▶101
重度訪問介護 ▶101
終末期 ▶280
　…における身体機能の低下 ▶281
　…の基礎知識 ▶280
就労移行支援 ▶102
就労継続支援 ▶102
就労定着支援 ▶102
手段的支援 ▶181
受容 ▶116
手話 ▶109, 121
障害者基本法 ▶98
障害者虐待の防止 ▶30
障害者虐待の防止、障害者の養護者に対する支援等に関する法律 ▶30
障害者虐待防止法 ▶30
障害者総合支援法 ▶99
　…のサービス ▶99
障害者の家族の心理 ▶200
障害者の定義 ▶98
障害者の日常生活及び社会生活を総合的に支援するための法律 ▶99
小規模多機能型居宅介護 ▶87
小腸機能障害 ▶192
情緒的支援 ▶180
常同行動 ▶158
衝突事故 ▶244
消費者被害 ▶61
情報共有 ▶130
静脈栄養法 ▶192
ショートステイ（介護保険法）▶5, 87
ショートステイ（障害者総合支援法）▶101
食事 ▶260
　…に関する用具 ▶262

す

睡眠 ▶272
　…に関する用具 ▶274
　…の基礎知識 ▶272
　…の姿勢 ▶276
　…の種類 ▶273
　…のための環境 ▶273
　…の役割 ▶272
頭痛 ▶70
ストーマ ▶191
ストレスマネジメント ▶72
ストレングス ▶22

せ

生活援助 ▶4, 10
　…の業務範囲 ▶14
　…の範囲に含まれない家事 ▶240
生活介護 ▶101
生活訓練 ▶102
生活の質 ▶28
生活不活発病 ▶140
誠実義務 ▶52
精神障害 ▶195
精神保健福祉士 ▶49
成年後見制度 ▶103
生命の質 ▶28
摂食・嚥下の5つの段階 ▶267
切迫性尿失禁 ▶150
洗剤 ▶228
洗濯 ▶228
洗濯表示 ▶229
前頭側頭型認知症 ▶156
　…の原因 ▶159
　…の特徴 ▶158
　…の人とのかかわり方 ▶161
前立腺肥大症 ▶149

…の意味 ▶260
…の基礎知識 ▶260
…の姿勢 ▶264
食事環境 ▶261
褥瘡 ▶151, 277
　…が発生しやすい部位 ▶277
褥瘡予防 ▶277
食中毒の予防 ▶75
食欲がわく方法 ▶261
食器 ▶263
自立 ▶34
自律 ▶34
自立訓練 ▶102
自立支援 ▶34
自立支援給付 ▶99, 100
自立生活援助 ▶102
事例検討会議 ▶131
心筋梗塞 ▶146, 220
寝具の管理 ▶232
人権 ▶20
人工呼吸器 ▶190
人工透析 ▶191
寝姿勢 ▶276
心身の状況に応じた介護 ▶207
人生の質 ▶28
心臓 ▶138
腎臓 ▶138
心臓機能障害 ▶190
腎臓機能障害 ▶191
心臓ペースメーカー ▶190
身体介護 ▶4, 10
人体各部の名称 ▶216
身体機能の低下（終末期）▶281
身体拘束の禁止 ▶31
身体障害 ▶186
人的環境 ▶46
信用失墜行為の禁止 ▶52

そ

臓器 ▶217
双極性障害 ▶195
掃除 ▶226
喪失体験 ▶136
相談 ▶129
咀嚼 ▶267
尊厳のある暮らし ▶23
尊厳の保持 ▶25

た

第1号被保険者（介護保険）▶85
体内時計 ▶272
第2号被保険者（介護保険）▶85
多脚杖 ▶253
多職種連携 ▶48
立ち上がり ▶257
脱水 ▶150, 163, 265
多点杖 ▶253
短期入所 ▶101
短期入所生活介護 ▶5, 87
短期入所療養介護 ▶87
単麻痺 ▶254

ち

地域支援事業 ▶83, 88
地域生活支援事業 ▶99, 100
地域包括ケアシステム ▶4, 83
地域包括支援センター ▶83
地域密着型介護予防サービス ▶88
地域密着型介護老人福祉施設入所者生活介護 ▶87
地域密着型サービス ▶87
地域密着型通所介護 ▶87
地域密着型特定施設入居者生活介護 ▶87
窒息事故 ▶244
知的障害 ▶194

注意欠陥多動性障害 ▶196
中核症状 ▶166
中途障害 ▶200
腸 ▶138
聴覚障害 ▶188
　…のある人とのコミュニケーション ▶109, 120, 121
腸管出血性大腸菌 ▶63
調理 ▶236
　…の工夫 ▶268

つ

対麻痺 ▶254
墜落事故 ▶244
通所介護 ▶5, 87
通所リハビリテーション ▶87, 95
杖 ▶253

て

手洗い ▶76
低栄養 ▶266
定期巡回・随時対応型訪問介護看護 ▶87
低血糖 ▶220
デイサービス（介護保険法）▶5, 87
溺水事故 ▶244
伝音性難聴 ▶188
天災 ▶67
転倒 ▶56, 66
　…しやすい環境 ▶250
　…の予防方法 ▶251
転倒事故 ▶244
転落 ▶56
転落事故 ▶244

と

動機 ▶36
動機づけ ▶211

同行援護 ▶101
統合失調症 ▶195
糖尿病 ▶148, 220
特定介護予防福祉用具販売 ▶88
特定施設入居者生活介護 ▶87
特定福祉用具販売 ▶87, 246
読話 ▶121

な

内部障害 ▶190
難聴 ▶149

に

日常生活自立支援事業 ▶103
日常生活の変化 ▶140
　…（認知症）▶172
日内変動 ▶160
日本介護福祉士会倫理綱領 ▶53
日本国憲法第13条 ▶20
尿失禁 ▶144, 150
任意後見制度 ▶103
認知症 ▶152
　…の原因 ▶158
　…の行動・心理症状 ▶170
　…の種類 ▶156
　…の中核症状 ▶166
　…の人とのかかわり方 ▶160
　…の人とのコミュニケーション ▶123
　…の人の家族の心理 ▶178
　…の有病率 ▶152
認知症ケアの理念 ▶154
認知症対応型共同生活介護 ▶87
認知症対応型通所介護 ▶87

ね

年金保険 ▶80

の

脳 ▶138
脳卒中 ▶147, 220
ノーマライゼーション ▶29, 98
ノロウイルス ▶63, 64, 74
ノンレム睡眠 ▶273

は

パーキンソン症状 ▶157
パーキンソン病 ▶147
パーソナリティ障害 ▶195
パーソナルスペース ▶112
パーソン・センタード・ケア ▶154
バーンアウト症候群 ▶72
肺 ▶138
肺炎 ▶149
排尿障害 ▶150
排便障害 ▶150
廃用症候群 ▶140
白内障 ▶149
はさまれ事故 ▶244
発達障害 ▶196
鼻 ▶139
パニック障害 ▶195
歯ブラシ ▶269
歯みがき ▶269
バンク-ミケルセン, N. E. ▶29

ひ

被害妄想 ▶171
非言語的コミュニケーション ▶110
筆談 ▶109, 121
ヒト免疫不全ウイルスによる免疫機能障害 ▶192
被服の補修 ▶234
被保険者（介護保険）▶85
秘密保持義務 ▶52
ヒヤリハット ▶62

評価（介護過程）▶290, 293
表情（コミュニケーション）▶111
漂白剤▶229
頻尿▶150

ふ

不安障害▶195
腹圧性尿失禁▶145, 150
複合型サービス▶87
福祉用具貸与▶87, 246
腹膜透析▶191
物品破損▶56
物理的環境▶46
布団▶274
不眠▶144
プライバシーの保護▶24

へ

平均寿命▶280
ベッド▶274
ベッドメイク▶232
便秘▶144, 150

ほ

膀胱・直腸機能障害▶191
報告▶127
法定後見制度▶103
法的根拠にもとづく介護▶207
訪問介護▶4, 87
　…の現場のイメージ▶12
　…の仕事内容▶10
　…の仕事場▶10
　…のやりがい▶12
　…の利用者▶10
訪問介護計画▶49
訪問型サービス▶88
訪問看護▶87, 92
訪問入浴介護▶87

訪問リハビリテーション▶87, 95
ホームヘルプサービス（介護保険法）▶4, 87
　…の現場のイメージ▶12
　…の仕事内容▶10
　…の仕事場▶10
　…のやりがい▶12
　…の利用者▶10
ホームヘルプ（障害者総合支援法）▶101
保健師▶49
保険者（介護保険）▶85
ボディメカニクス▶70, 218
骨▶138

ま

枕▶275
マットレス▶274
麻痺▶254

み

身振り（コミュニケーション）▶110
見守り▶256
耳▶139

む

むくみ▶144

め

目▶139
メラトニン▶272
免疫系▶138

も

申し送り▶130
毛布▶275
燃え尽き症候群▶72
もの盗られ妄想▶157

や

夜間対応型訪問介護▶87
薬剤師▶49
薬物依存症▶195

ゆ

指文字▶121

よ

要介護状態▶87
要介護認定▶89
要支援状態▶88
要支援認定▶89
腰痛▶70
欲求▶36
予防給付▶83, 85, 88
予防重視型システム▶83

り

理解・判断力の低下▶166, 168
理学療法士▶49
リハビリテーション▶94
利用者とのコミュニケーション▶117
療養介護▶101
倫理▶52
倫理綱領▶53

れ

レスパイトケア（障害）▶201
レスパイトケア（認知症）▶181
レビー小体型認知症▶156
　…の原因▶158
　…の特徴▶157
　…の人とのかかわり方▶160
レム睡眠▶273
連絡▶128

ろ

老化によるからだの変化 ▶138

老化によるこころの変化 ▶136

老人性難聴 ▶149

労働者災害補償保険 ▶80

ロフストランドクラッチ ▶253

編者・執筆者・編集協力者一覧

【編者】

堀田　力（ほった　つとむ）
公益財団法人さわやか福祉財団会長

是枝　祥子（これえだ　さちこ）
大妻女子大学名誉教授

【執筆者】（五十音順）

五十嵐　さゆり（いがらし　さゆり）……………第6章第1節・第2節、第8章第2節・第3節
福祉人材育成研究所M＆L所長

岩瀬　良子（いわせ　りょうこ）………………………………………第3章第3節・第4節
株式会社ケアワーク弥生小規模多機能型居宅介護ユアハウス弥生介護福祉士

影山　優子（かげやま　ゆうこ）………………………………………第1章、第8章第1節
西武文理大学サービス経営学部教授

鎌田　恵子（かまた　けいこ）……………………………………………………第7章
福島介護福祉専門学校副校長兼教務部長

君和田　豊（きみわだ　ゆたか）……………………………………………………第4章
君和田社会保険労務士事務所

國岡　義広（くにおか　よしひろ）……………………………………………第5章第2節
トリニティカレッジ出雲医療福祉専門学校事務部部長

是枝　祥子（これえだ　さちこ）………………………………………生活援助をになう介護職
大妻女子大学名誉教授

鶴田　尚子（つるた　たかこ）……………………………………………………第2章第2節
社会福祉法人福音会軽費老人ホームA型町田愛信園施設長

西村　裕子（にしむら　ひろこ）………………………………………第3章第1節・第2節
社会福祉法人輝き奉仕会特別養護老人ホーム輝き主任相談員

彌　一勲（ひさし　かずひろ）……………………………………………………第2章第2節
社会福祉法人嘉祥会ぬくもりの園施設長補佐

平木　久子（ひらき　ひさこ）……………………………………………第9章第1節・第2節
一般社団法人埼玉県介護福祉士会会長

堀田　力（ほった　つとむ）………………………………………………………はじめに
公益財団法人さわやか福祉財団会長

堀口　美奈子（ほりぐち　みなこ）………………………………………第9章第3節〜第6節
高崎健康福祉大学健康福祉学部助教

森近　恵梨子（もりちか　えりこ）……………第2章第1節、第10章、研修を終えての振り返り
株式会社ケアワーク弥生ケアワークアカデミー講師

矢吹　知之（やぶき　ともゆき）……………………………………………第6章第3節〜第5節
認知症介護研究・研修仙台センター研修部長／東北福祉大学

吉岡　俊昭（よしおか　としあき）………………………………………………………第5章第1節
トリニティカレッジ広島医療福祉専門学校介護福祉学科学科長

【編集協力者】（五十音順）

青柳　佳子（あおやぎ　けいこ）
浦和大学短期大学部介護福祉科特任教授

石岡　周平（いしおか　しゅうへい）
町田福祉専門学校介護福祉学科主任

佐藤　富士子（さとう　ふじこ）
大妻女子大学人間関係学部教授

鶴田　尚子（つるた　たかこ）
社会福祉法人福音会軽費老人ホームA型町田愛信園施設長

林　雅美（はやし　まさみ）
浦和大学短期大学部介護福祉科特任講師

彌　一勲（ひさし　かずひろ）
社会福祉法人嘉祥会ぬくもりの園施設長補佐

生活援助従事者研修（59時間研修）テキスト

2018年12月20日　初　版　発　行
2023年10月25日　初版第3刷発行

編　　　集	堀田　力・是枝祥子	
発 行 者	荘村明彦	
発 行 所	中央法規出版株式会社	
	〒110-0016　東京都台東区台東3-29-1　中央法規ビル	
	TEL 03-6387-3196	
	https://www.chuohoki.co.jp/	
装幀・本文デザイン	株式会社ジャパンマテリアル	
本文イラスト	小牧良次	
印刷・製本	長野印刷商工株式会社	

ISBN978-4-8058-5823-3
定価はカバーに表示してあります。

本書のコピー、スキャン、デジタル化等の無断複製は、著作権法上での例外を除き禁じられています。また、本書を代行業者等の第三者に依頼してコピー、スキャン、デジタル化することは、たとえ個人や家庭内での利用であっても著作権法違反です。

落丁本・乱丁本はお取り替えいたします。

本書の内容に関するご質問については、下記URLから「お問い合わせフォーム」にご入力いただきますようお願いいたします。
https://www.chuohoki.co.jp/contact/